PRIVACY

Privacy
Copyright © David Vincent 2016

All rights reserved.
No part of this book may be used or reproduced in any manner whatever without written permission except in the case of brief quotations embodied in critical articles or reviews.

Korean Translation Copyright © 2025 by Gilbut Publishers
Korean edition is published by arrangement with Polity Press, Ltd., Cambridge through BC Agency, Seoul.

이 책의 한국어 판 저작권은 BC에이전시를 통해 저작권자와 독점계약한 길벗에 있습니다. 저작권법에 의해 한국 내에서 보호를 받는 저작물이므로 무단전재와 복제를 금합니다.

PRIVACY
: A Short History

사생활의 역사

데이비드 빈센트 지음
안진이 옮김

David Vincent

더퀘스트

서문

프라이버시의 역사는 소음과 침묵의 기이한 혼합물이다. 프라이버시의 개념에 대한 문헌은 많지만 확정된 결론은 없다. 개인정보 보호에 대한 현대사회의 위협을 두고 논쟁이 뜨거운데, 9·11 테러 이전의 프라이버시는 개념적으로 비중을 크게 두지 않기 때문에 인터넷이 등장하기 전의 시간은 안개 속으로 사라져버렸다. 역사적 관점이 필요할 때는 보통 제러미 벤담Jeremy Bentham이나 조지 오웰George Orwell을 간접적으로 잠시 언급하고 끝낼 뿐이다. 프라이버시에 대한 영국 최초의 공식적인 보고서인 '영거 보고서Younger Report'에서도 프라이버시라는 주제를 다룬 역사적 저술이 없다는 사실을 개탄한다.

지금은 고전이 된 데이비드 플래허티David Flaherty의 논문을 시작으로, 중세 시대와 고전주의 시대까지 다룬 훌륭한 프라이버시 연구들이 드문드문 발표되긴 했다. 그러나 1980년대 말과 1990년대 초, 필리프 아리에스Philippe Ariès와 조르주 뒤비Georges Duby의 훌륭한 공동 연구를 제외하면 프라이버시라는 분야는 서로 거의 연결되지 않는 수많은 책과 논문들의 집합체나 다름없었다. 주거, 종교 의식, 문해력, 독서처럼 문화와 관습에서 중요하게 다뤄지는 주제들은 프라이버시의 변화에 관한 주요 서사와 별다른 관계를 맺지 못했다. 과거에 사람들이 집 밖에서 고독을 추구하고 사적 관계를 유지한 방법에 대해서도 역사학계는 체계적인 관심을 두지 않았다.

이 책에서는 오랫동안 이어진 프라이버시의 발전에 관한 설명을 제시함으로써 보다 명확한 시간적 관점을 제공하려 한다. 수백 년 동안 계속된 프라이버시의 개념과 실천은 그 시대에 맞는 용어로 설명할 것이다. 그런 점에서 이 책은 폭넓은 문헌 조사의 결과물이라고도 할 수 있는데 그중에서도 특히 다중 커뮤니케이션, 주택, 종교, 가족관계 및 감시 등 인접 분야의 연구를 함께 살펴보려 한다. 그렇기에 시대별 설명은 압축적이어야 했지만 동시에 복잡한 욕망들의 균형을 맞추려고 애쓰던 사람들의 감정과 행동을 가까이서 들여다볼 필요가 있었다. 5개의 장이 연대기 순이지만 대부분의 주제는 어느 한 시기와 다른 시기의 경계선을 넘나든다.

  이 책을 쓰는 동안 나는 거인의 어깨 위에 서 있는 것보다 높게 자란 풀밭에서 밟히지 않기를 바라며 비틀비틀 걸어가는 것에 가까웠다. 장기간의 변화를 설명하려다 보니 집필에 가장 편안함을 느끼는 19세기 역사의 바깥으로 자주 나와야만 했다. 원고에 좋은 의견을 준 많은 사람들에게 진심으로 고마움을 전한다.

영국 슈러워딘에서

차례

서문	5
1 | 혼자 있을 권리의 시작, 중세 시대	**11**
14세기의 사생활 침해 소송	19
사적인 공간의 탄생	25
혼자 하는 기도와 혼자 쓰는 일기	39
오직 둘만을 위한 편지	48
내밀한 관계를 지키기 위한 노력들	55
2 | 군중 속에서 나를 지키다	**65**
익명성이라는 예절	74
결혼 이후 개인의 사생활	80
혼자 있는 시간과 읽는 행위	90
편지가 가져온 사적인 소통의 혁명	100
3 | 19세기의 풍요가 불러온 감시자들	**111**
대도시 속 사생활의 기술	117
일상으로부터 우아한 탈출	124
은둔하고 싶은 자를 위한 건축	130
전화와 편지의 프라이버시	141
타인에 대한 위험한 호기심	148

4 | 전쟁이 개인의 사생활에 끼친 영향　　　　　　　163

평범한 가정의 프라이버시가 지켜지기까지　　　168
가족의 삶을 보호해주는 것들　　　180
부부의 은밀한 프라이버시　　　190
국가의 개인 사찰이 시작되다　　　199

5 | 조지 오웰, 스노든, 다음은?　　　　　　　215

모두가 프라이버시의 죽음을 외치다　　　221
사생활 패턴의 3가지 변화　　　231
국가는 개인의 감시자인가, 보호자인가　　　239
재산권으로서의 프라이버시　　　249

1

혼자 있을
권리의 시작,
중세 시대

1341년 7월 13일 금요일, 런던의 방해죄 재판소에 아래와 같이 소가 제기되었다.

존 루터의 미망인 이사벨이, 같은 교구에 사는 모피 상인 존 트래페의 저택 창문이 깨지는 바람에 트래페와 하인들이 자신의 정원을 들여다볼 수 있다며 존 트래페를 고소하였다.

현장 방문이 이뤄졌고 피고인 존 트래페가 40일 이내에 창문을 수리해야 한다는 판결이 나왔다. 이사벨은 거기서 멈추지 않았다. 그녀는 또 다른 모피 상인 존 드소프를 고소했다. 제소 내용은 다음과 같다.

모피 상인 존 드소프의 저택 창문 7개를 통해 내 집이 내려다보인다. 창문은 땅에서 약 5미터도 안 되는 높이여서 존 드소프와 하인들이 나를 들여다본다.

소송을 좋아했던 이사벨은 다음으로 생선 장수 존 드레체를 소환했다. 이웃인 드레체가 담장 위로 육중한 망루를 세워 그 망루를 통해 그와 그의 가족들이 매일같이 그녀와 하인들의 일상을 훔쳐본다고 주장했다. 마지막으로 그녀는 네 번째 이웃에게 주의를 돌렸고 다음과 같이 이웃을 고소했다.

> 사이먼 주식회사를 물려받은 조앤의 집에 내 집이 내려다보이는 12개의 구멍이 있는데 그 구멍을 통해 조앤과 하인들이 나와 하인들의 사적인 행동을 엿볼 수 있다.

현장 방문 후 모든 사건은 처벌 관례에 따라 40일 내에 문제를 시정하라는 통고로 마무리되었다.

위 사건들은 모두 14세기 런던의 방해죄 재판소에서 열린 재판들로, 《런던 방해죄 재판소 1301-1431》라는 책에 기록된 사례들이다. 중세 시대 런던의 빽빽한 거리에서 벌어진 분쟁은 수도 없이 많다. 런던에서는 12세기부터 방해죄가 존재했는데 여기에는 사적인 방해와 공적인 방해가 모두 포함된다. 사적으로나 공적으로 방해를 받은 사람은 누구든지 재판소에 소를 제기할 수 있었다. 재판소 심리에서 쟁점이 된 것은 '사적인 가정생활이 보호받아야 한다'였다.

그렇다고 사생활, 즉 프라이버시privacy가 개인에게 국한된 개념은 아니라는 걸 분명히 해야겠다. 프라이버시의 어원인 '프리바투스privatus'라는 라틴어에는 공권력의 통제를 받는 집단의 문제와 가정이라는 사적인 공동체의 문제가 구분된 함의가 있음에도 불구하고 때때로 이런 구분이 무시될 때가 있었다. 특히 근현대 들어서는 프라이버시에 대한 개인주의적 관점이 유독 주목을 받기 시작했다. 그 시작은 변호사인 새뮤얼 워런Samuel D. Warren과 루이스 브랜다이스Louis Brandeis가 1890년 《하버드 로 리뷰》에 〈프라이버시의 권리The Right to Privacy〉를 발표하며 프라이버시를 '혼자 있을 권리'로 정의하면서부터다. 이런 정의에서는 모든 외부자의 침입 또는 절도로부터 사적 기록을 보호하려는 시민이 강조된다.

14세기 유럽에서는 도시든 시골이든 빼곡하게 세워진 집과 얇은 벽 사이에서 그런 시민이 존재하기 어려웠다. 수도원 같은 특수한 환경을 제외하면 당시에는 거의 모든 사람이 가족과 하인, 일터의 동료, 행인 등과 삶을 공유했고 이 때문에 중세 시대에는 프라이버시의 개념이 없었던 것으로 오인되기도 한다. 카네기멜론대학교 교수이자 건축 역사가인 다이앤 쇼Diane Shaw에 따르면 중세 사회에 물리적 프라이버시 개념이 없었다는 잘못된 주장은 프라이버시가 개인적이고 절대적인 것이라는 현대의 가정에서 비롯되었을 가능성이 높다.

프라이버시의 역사는 무에서 유가 만들어지고 적은 것에서 많은 것으로 나아가는 개념으로 흐르지 않는다. 심지어

보통의 고정관념처럼 집단에서 개인으로 나아가는 개념도 아니다. 프라이버시의 역사에는 출발점이 없고 위태로운 결말만 존재한다. 역사학자인 윌리엄 레디William Reddy가 주장한 것처럼 프라이버시는 장기간에 걸쳐 변화하는 물리적, 규범적 맥락과 상호작용하지만 그 맥락에 종속되지 않는 가치와 행동을 포함한다.

이 책에서는 수백 년에 걸쳐 형성된, 특정한 시대의 프라이버시 특징들을 가려낼 것이다. 프라이버시는 친밀한 사회적 관계와 긴밀하게 연관되어 있었으므로 어느 시대에서든 존재해왔다. 런던의 킹스칼리지 역사학 교수인 다이애나 웹Diana Webb은 중세 시대에도 개인 또는 집단이 공공의 감시를 피해 자기만의 공간에 대한 권리를 주장했다고 강조한다.

자기만의 공간을 주장하는 데는 세 가지 뚜렷한 이유가 있었다. 첫째, 친밀한 관계를 만들기 위함이었다. 친밀한 관계를 유지하려면 둘의 대화가 보호되는 영역이 필요했다.

둘째, 개인이 혼자 무언가를 할 수 있는 성소가 필요했기 때문이었다. 마지막으로 외부 권력의 침해로부터 생각과 행동을 방어하기 위함이었다. 이 세 가지는 중세 후기의 삶에서 뚜렷하게 나타났지만 이후 몇 세기에 걸쳐 그 형태가 급격하게 변했다.

14세기 런던의 가정은 지금의 형태와 많이 달랐고 지금보다 훨씬 다양한 기능을 수행했다. 14세기 런던의 가정에서 기대하는 친밀감은 근현대 들어 단출해진 가정에 사람들이 쏟았던 감정과는 거리가 멀다. 따라서 중세 시대 비밀 기도의 세계와 조용한 공간에서 성찰하는 지금의 프라이버시 사이에는 커다란 간극이 존재하고 그 간극 사이에서 다양한 변화가 이루어졌다. 현대 민주주의의 주요 특징이 된 '국가와 반대되는 사적 영역'은 14세기의 삶에서 지금처럼 엄격하고 중요하게 다뤄지지 않았다. 프라이버시라는 용어는 오랫동안 부정확하게 사용되었으며 심지어 현재에도 정확하게 사용되고 있지 않다. 프라이버시의 사회적,

정치적 기능이 개인정보를 통제하는 권리에 너무 치우쳐 있기 때문이다.

14세기의 사생활 침해 소송

이제 찬찬히 프라이버시의 복잡한 진화 과정을 살펴보자. 런던 방해죄 재판소에서 다뤄진 사건들에는 그 시대를 관통하는 몇 가지 특징이 있다. 첫 번째는 프라이버시의 정의 및 근거와 관련된 것으로 집이 아무리 좁고 보잘것없어도 주거공간의 내부와 외부를 확실히 구분했다는 사실이다. 일단 집의 문턱을 넘으면 밖으로 알려지는 것에 대한 기준이 확 달라졌다. 문은 조잡하고 자물쇠는 허술하고 담장은 구멍이 숭숭 뚫려 있었지만 거리에서 가족의 공간으로 들어오는 행위에는 정확한 선과 합의가 있었다.

그런 이유로 프라이버시에 대한 법적 근거는 부동산과 연관된 권리와 밀접하게 엮여 있었다. 14세기 초 법정에 등장하기 시작한 무단침입죄는 주택 소유자가 자기 공간을 물리적으로 침입하는 것에 대항할 권리를 뜻했다. 방해죄라는 개념에는 부동산 소유에 대한 가치를 떨어뜨리는 이웃의 모든 종류의 행동이 포함되었다. 따라서 개인이 건물을 짓거나 소유할 때는 다른 사람의 부동산 사용에 물질적 피해를 주지 않아야 했다.

   사람들이 빽빽하게 모여 살았던 중세 도시 사회에서 이런 규칙을 지키려면 무엇보다 주택을 지을 때 주변의 어떤 건물에도 화재 등의 위험을 발생시키지 않도록 최대한 주의해야 했다. 빗물과 폐수 그리고 폐수에서 나는 냄새가 인접한 건물로 새어 들어가지 않아야 하는 건 물론이었고, 이웃이 폐쇄된 자신만의 공간에서 소통하는 즐거움을 어떤 식으로든 방해하는 일이 없어야 했다.

   창에 관한 조건도 있었다. 유리가 사치였던 시대라서 창의 덧문을 닫아놓는 것이 전부였지만, 거주자는 자기 건물 바깥을 내다볼 수 있어야 하고 건물 안은 이웃들에게 보이지 않아야 했다. 건물주는 이웃과 경계를 이루는 벽이 충분히 튼튼한지 그리고 부실한 재료 때문에 벽에 구멍이 난 건 아닌지 자주 확인했다. 인접 건물에 사는 사람이 거주자의 소리를 듣는다거나 거주자가 하는 일을 두고 이러쿵저러쿵 하면서 생활을 침해하는 일이 없어야 했다.

   방해죄 재판소에 접수된 사건 6건 중 1건이 문과 창문을 통한 사생활 침해 사건이었지만, 이 외에도 쓰레기를 투척한다는 식의 다른 불만도 함께 제기되곤 했다. 예컨대 1348년 2월 29일 날짜로 다음과 같은 기록이 있다.

사이먼 드워스테드는 자신의 집과 인접한 로버트 비숍과 로저 마두르의 연립주택에 창문 6개와 구멍 2개가 있어서 그들이 자신의 사생활을 들여다볼 수 있고 연립주택 세입자들이 구멍을 통해 폐수와 쓰레기를 자신의 소유지에 버린다고 고발했다.

두 번째 특징은 갈등이 대부분 두 집단 사이에 발생했다는 점이다. 집주인은 함께 사는 가족과 하인을 포함해 책임져야 할 모든 사람을 대신해서 다른 집주인과 그 가족의 행동에 대해 소송을 제기했다. 1350년 2월 26일 기록을 보자.

가죽 상인 아담 드부리와 아내 앨리스가 존 르레체의 미망인인 생선 장수의 연립주택에 홈통이 없어서 빗물이 자신들의 소유지로 떨어진다고 고발했다. 그리고 미망인의 연립주택에 창문이 2개 있어서 자신들과 하인들의 사생활을 엿볼 수 있다고 불만을 제기했다.

중세 말기와 근대 초기의 가족 개념은 지금과 달랐다. 개인들이 모여 함께 사는 것과 혈연으로 엮인 친족과 함께 사는 것 사이에 명확한 구분이 없었다는 뜻이다. 둘 다 결속력 있는 집단이었고 연령, 성별, 직업 유무와 무관하게 가정의 모든 구성원은 누가 엿보거나 엿듣는 방해를 받지 않고 상호작용할 수 있어야 했다. 남편과 아내, 부모와 자녀, 주인과 하인이라는 관계는 집이라는 물리적 경계를 벗어나면 배신을 당하는 등 관계가 왜곡되기 일쑤였다. 가정에서 공유하는 정보와 대화의 경계선은 복잡했으며 이는 가장과 구성원 사이의 관계에 달린 문제였다. 법은 그들의 건물 문턱 너머에서만 적용되었다.

런던 방해죄 재판소에 접수된 사건들은 집주인 간 협상이 실패했다는 걸 보여준다. 사건들은 분쟁 현장을 직접 방문하는 공개 조정을 통해 처리되었다. 공개 조정은 다양한 맥락과 변이 속에서도 어느 시대에나 일관되게 나타나는 프라이버시의 세 번째 특징을 보여준다. 14세기 런던에서 프라이버시는 희소한 가치였다. 당시의 프라이버시는 확실한 권리가 아니었기에 프라이버시를 얻으려면 다른 것과 맞바꿔야 했고 끊임없이 경계하고 타협하며 수시로 실패하고 때로는 직접적인 갈등을 겪어야 했다. 무엇이 바람직하고 무엇이 가능한지에 대한 판단은 규범적, 물리적 구조의 변화에 따라 계속 달라졌다.

중세 가정의 비좁은 공간에서 프라이버시는 집안 구성원들 사이의 노력과 선택과 타협이 요구되는 가치였다. 역사학자이자 프라이버시 전문가였던 데이비드 플래허티David Flaherty는 "서양 역사의 기록에서 프라이버시는 항상 도전을 받았던 개념이다"라고 말한다.

은둔과 친밀함 사이의 균형을 유지하는 것은 상류층 가정을 제외한 모든 가정에서 대단히 어려운 일이었다. 심지어 상류층 가정에서도 위생 상태와 하인들의 존재 때문에 이는 쉽지 않았다. 항상 누군가와 함께 지내는 방 안에서 상대의 귀에만 들리도록 대화하는 일은 결코 쉽지 않았지만 다들 그렇게 하려고 노력했다. 기질과 성격이 각기 다른 개인과 집단 사이에서 각기 다른 에너지와 유연성을 가지고 프라이버시를 추구했던 것이다.

존 루터의 미망인 이사벨이 1341년 7월에 대화와 협상을 포기하고 모든 이웃을 고소하기로 결심한 구체적인 이유는 우리로선 알 길이 없다. 가장에게는 가족 공동체의 프라이버시를 보호하기 위해 투쟁할 권리가 있었고 그녀에게 법은 최후의 수단이었을 것이다. 법률 역사의 초기 단계부터 법원이 남성에게만 열려 있는 것이 아니라 하인을 고용하는 여성에게도 열려 있었다는 점이 눈에 띈다.

마지막 특징은 갈등이 어떤 식으로든 정보 전달과 관련되어 있었다는 점이다. 재판소의 사건들은 이웃이 무엇을 보고 들을 수 있는지, 대화의 경계선이 어떻게 보호되는

지를 다루고 있다. 이 책에서는 15세기 서신 교환의 시작과 인쇄술의 발명에서부터 21세기 소셜미디어의 등장에 이르는 대면 소통의 역사를 다루면서, 대면 소통이 생각과 감정을 표현하고 기록하는 방법과 어떻게 상호작용했는지를 알아볼 것이다. 시간적, 공간적으로 떨어져 있는 사람들을 연결하기 위해 종이에 펜을 대는 순간부터 가까운 개인들끼리 직접 상호작용하는 범주에 가상 프라이버시를 추가할 수 있게 된다.

모든 발전은 프라이버시의 관리를 확대하기도 하고 축소하기도 했다. 편지의 송수신을 둘러싼 불안은 그 이후에 출현한 갖가지 기술에 의해 끊임없이 재조정되었다. 이러한 딜레마를 해결하려면 소통의 수단도 중요하지만 소통에서 사용되는 정보 교환의 부호와 맥락도 중요하다. 여기에는 소통의 주체가 되는 사람들 사이의 말 없는 눈짓도 포함된다.

사적인 공간의 탄생

프라이버시와 부동산의 연관성을 고려했을 때 주택 설계의 진화는 프라이버시의 초기 역사에서 중요한 부분을 차지한다. 건물들이 다닥다닥 붙어 있던 중세 초기와 달리 중세 후기가 되면 건물들이 띄엄띄엄 세워짐으로써 사람들에게 물리적 편안함을 주었다. 고고학 연구와 기록에 따르면 적어도 부유한 농민들이 살던 주택은 현재 기준으로 꽤 집다운 면모를 갖추기 시작했다.

우선 주거공간이 가축과 분리되기 시작했고 가사를 비롯한 집안일은 몇 개의 방으로 나뉜 건물 안에서 수행되었다. 공간들의 기능은 정해지지 않고 그때그때 달랐다. 주택은 방과 통로로 구성되어 있었지만 수면을 비롯하여 특정 활동을 따로 수행할 공간이란 없었다. 계절에 따른 노동의 변화, 빛과 온도의 변화로 집안 사람들이 상호작용하는 방식이 그때그때 결정되었을 정도다.

창문은 작고 광택이 없었으며 벽난로는 개방형이어서 집 안에 연기가 자욱했다. 하층 젠트리gentry(귀족과 농민 사이의 자유민 계급-옮긴이)나 그보다 지위가 높은 사람들은 복도에 작은 방 몇 개가 딸린 단층집에 살았지만 하층 젠트리보다 지위가 낮은 사람들은 아무 데나 비어 있는 공간에서 음식을 먹고 놀고 일을 하고 잠을 잤다. 가구라는 건 거의 없었던 시대다. 침대는 출생과 사망, 고용인과 손님의 증감에 따라 집에 거주하는 사람들이 매번 달라지면 임시로 빈 공간에 놓았다. 이른바 사적인 장소에 가장 가까웠던 것은 옷이나 귀중품을 보관하는 작은 궤짝 속 공간뿐이었다.

이후 200년 동안 주택에서 방이 가지는 역할이 변하면서 프라이버시의 개념도 변화하게 된다. 최근 학계에서는 1570년~1640년 사이 영국의 도시 정비나 건축물에서 대대적인 재건이 있었다는 역사학자 W. G. 호스킨스W.G.Hoskins의 논문을 인정했다. 그 과정은 지역과 시기에 따라 차이를 보이며 장기간에 걸쳐 진행되었을 것이다.

이에 따라 빈부의 격차가 커졌음은 당연한 결과다. 경제 팽창의 혜택을 많이 입은 사람들은 집의 규모와 가구를 통해 넉넉한 가처분소득을 자랑할 수 있었고 생활공간의 내부 디자인에도 신경을 쓰기 시작했다. 부유한 농민과 자작농들은 주택을 2층으로 증축하고 방을 6개 이상으로 늘렸다. 서까래가 훤히 보이도록 뻥 뚫린 홀에는 천장과 굴뚝

이 생겼고 위층으로 올라갈 때는 계단을 이용했다. 홀과 따로 떨어진 큰 방도 하나 있어서 가족들은 외부인의 출입이 차단된 상태에서 다양한 활동을 할 수 있었다.

집의 중앙을 둘러싼 작은 방들은 다양한 기능을 했다. 식료품 저장공간이 만들어졌고 식사를 준비할 때도 열기와 냄새가 집 안의 다른 공간들과 최대한 분리되도록 설계되었다. 공간의 이름을 붙이는 법도 달라지면서 응접실, 침실, 옷장, 서재, 도서실 같은 용어들이 생겨났다.

집과 집 안에 들어갈 물건을 사고파는 경제 규모가 커지자 주거 건물과 연관된 직업이 다양해졌고 점차 건축이라는 개념이 확립되었다. 건축에 대한 초창기 문헌 중 하나인 헨리 워턴Henry Wotton의 1624년 저서 《건축의 요소》는 이상적인 시골집의 방 배치를 다음과 같이 설명한다.

> 모든 연구와 도서관은 동향이어야 한다. 아침은 뮤즈의 친구니까. 부엌, 증류실, 창고, 제빵실, 양조실, 세탁실처럼 열이 필요한 모든 공간은 자오선에 위치해야 한다. 포도주 저장고, 식료품 저장고, 버터 저장고, 곡물 저장고처럼 시원하고 신선한 기운이 필요한 공간은 모두 북쪽을 향하게 하라. 특히 기후가 따뜻한 지방의 회랑처럼 가벼운 움직임이 필요한 공

간이라든가 항상 일정한 빛이 필요한 공간도 북쪽을 향하면 좋다.

영문학자 레나 코웬 올린Lena Cowen Orlin의 관찰에 따르면 이 같은 지침은 희망사항에 가깝다. 공간의 방향은 둘째 치고 소수의 대지주만이 워턴이 나열한 공간 구성과 배치를 할 수 있었기 때문이다. 건물을 부수고 다시 짓거나 증축해서 새로운 층과 방을 추가한 이유가 프라이버시 때문인지는 불명확하다.

근대 초기 주택에 관한 W. G. 호스킨스의 기록에 따르면 벽돌과 돌에 대한 투자가 늘어난 요인은 간단했다. 상류층만이 누렸던 프라이버시라는 개념이 대중에게 확산되면서 재건축 열풍이 불었기 때문이다. 이러한 견해를 종합해보면 건물을 신축하거나 개보수하는 패턴은 은둔에 대한 욕구가 증가하고 실제로 은둔할 기회가 늘어났다는 사실을 나타낸다. 현대 주택의 형태를 갖추기까지 건축의 여정은 부를 향한 욕망과 함께했고 이는 최저생활에서 벗어난 사람들이 많아지면서 더욱 가속화되었다.

최근에는 프라이버시의 '건축결정론architectural determinism'에 대한 반대 의견이 생기는 추세다. 건축결정론이란 사람들이 생활하던 물리적 공간에서 삶의 가치와 실제를 읽을 수 있다는 이론이다. 이 이론에 따르면 프라이버시 역시 공간의 형태를 통해 가늠할 수 있다. 물론 건축결정론의 유혹은 매우 강하다. 프라이버시와 생활공간 사이 기본적인 연관성은 과거에도 있었고 지금도 있기 때문이다. 니콜 캐스턴Nicole Castan은 "부자의 저택에서나 가난한 농가에서나 문이 열려 있거나 닫혀 있는 것은 상징이기도 하고 상황이기도 하다"고 말한다.

일례로 중세 시대에 일과 시간에 남의 집 문턱을 넘으려면 허락을 받아야 했다. 가장이 집에 없을 때는 손님을 받지 않는 것이 보통이었고 문이 닫혀 있는 밤에는 아예 손님을 받지 않았다. 15세기가 되자 영국 법에서 무단침입은 기소 가능한 중범죄가 되었다. 무단침입죄가 성립하려면 자물쇠가 있어야 했고 자물쇠를 고정할 만큼 튼튼한 문과 문틀이 있어야 했다.

그러나 기록의 언어와 역사적 현실 사이에는 간극이 존재한다. 예를 들어 근대 초기의 기록을 보면 응접실과 침실이 명목상 구분되어 있었지만 실제로는 방이 충분히 많고 침대라는 가구를 소유한 상류층에서만 가능한 일이었다. 대다수 가정에서는 어른과 아이들, 하인과 손님들이 여전히 집 안 곳곳에 침구를 놓고 잠을 자다가 아침이 밝아오면 똑같은 공간에서 식사하고 대화했다. 당시에는 오락, 대화,

휴식, 놀이, 수면, 출산, 요리, 식사, 목욕, 세탁, 용변, 돈벌이, 만들기, 시중들기, 집안 관리와 가계부 작성 같은 활동을 분리하는 개념이 없었다. 심지어 프라이버시의 기본 요소인 대소변 배출조차 생활공간에 통합되기까지 했다. 별도로 두던 화장실이 수면 공간 내 변기 겸용 의자로 대체되었기 때문이다.

오래된 건물일수록 그 건물에 사는 사람들은 그 건물을 지은 구세대의 기대에 맞춰 행동 방식을 조정할 가능성이 높다. 어쨌거나 당시에는 신중하게 새로 지은 집이라 할지라도 그 집이 어떻게 사용될지는 고정되지 않았다. 인구의 대다수는 임차를 통해 거주했으며, 이는 가계 재산의 증감에 따라 거처를 옮기기에 용이한 방식이었다. 최상류층 역시 한 건물에 매여 있는 일이 거의 없었다. 즐기기 위해 또는 사업을 위해 자주 옮겨 다녔다.

17세기 초 영국 귀부인이 쓴 일기에는 정기적으로 친척들의 집에 가거나 여행을 하며 살았던 기록이 있다. 가족 전체가 정기적으로 이 소유지에서 저 소유지로 옮겨 다녔던 것이다. 현대 건축을 연구하는 웰즐리대학 미술사 교수인 앨리스 프리드먼Alice Friedman이 꼼꼼하게 기록한 16세기 후반 월러턴 홀Wollaton Hall 재건축에 대한 기록을 보자. 저택 내 공간과 위치가 정해지지 않았다는 것이 뚜렷이 드러난다. 저택의 소유주인 프랜시스 윌러비 경Sir Francis Willoughby은 유럽의 최신 디자인 서적에서 얻은 아이디어를 실현하기 위해 당대 유명 건축가였던 로버트 스미슨Robert Smythson을 고용했다.

새로 지은 저택은 기존 저택과 달리 지하와 모퉁이 타워에 작은 공간을 여러 개 만들기가 용이했다. 이 작은 방들은 개인 화장실, 개인 서재 또는 개인 소지품과 공적인 서류를 보관하는 장소로 활용되었다. 벽장과 침실은 집의 주요 층에 위치한 네 모퉁이에 몰아넣고 안쪽에는 아늑한 스위트룸 같은 공간을 조성했다는 점에서 개인의 프라이버시와 문서 작성이라는 활동이 중요해지는 경향이 확인된다.

순탄하지 않았던 결혼생활과 하인들 사이에 격렬한 갈등으로 인해 월러턴 홀은 실제로 거의 사용되지 않았다. 프랜시스 경은 본인이 소유한 다른 집에 주로 머물렀으며 이 저택은 이후 50년 동안 후손들이 이따금씩 사용하다가 현재는 박물관으로 사용 중이다.

이렇듯 경제적 번영으로 인해 생활이 역동적으로 변화하기 시작했고 프라이버시에 대한 욕구도 커졌다. 재산이 많아진 개인은 이런저런 물건을 많이 구입했고 그 물건을 보관하려면 더 많은 공간이 필요했다. 이중 점점 풍부해지는 식료품의 저장과 준비를 위한 공간 변화가 가장 두드러진다. 찬장과 탁자, 의자가 많아졌고 무엇보다 가장 값비싼 물건인 침대와 침구도 늘어남에 따라 가구를 놓을 방이 더 필요하다는 압박이 생겨났다.

부유해질수록 사적 공간을 만들기 어려워지는 모순적 경향은 골방closet이 점점 개인의 명상과 독서의 장소가 되면서 더욱 뚜렷해졌다. 월러턴 홀의 설계를 봐도 보통 골방은 메인 침실과 연결된 작고 폐쇄된 공간에 위치한다. 역사학자 라파엘라 사티Raffaella Sarti가 골방을 "다가올 시대의 프라이버시와 사적 휴식에 대한 요구를 최초로 표현한 것"이라고 설명한 것처럼 골방을 근대성의 전조로 보는 주장도 있다. 이는 남성과 여성이 사적 은둔을 추구하는 데서 점점 평등해지고 있다는 증거였다. 아내도 남편과 마찬가지로 개인적 성찰을 위한 사적 공간을 요구할 권리가 있었다.

반면 골방이 대개 넓은 집 안의 비좁은 공간에 불과하므로 지나친 의미를 부여하지 말자는 주장도 있다. 골방의 존재 자체가 부의 상징이었고 젠트리와 성공한 상인보다 낮은 계층에 속하는 집에서는 골방을 두기가 불가능했다. 하여튼 여유 있는 집에서는 골방을 어떻게 꾸미고 사용하느냐가 집안 내 권력과 무관할 수 없었다. 영문학자 로널드 휴버트Ronald Huebert에 따르면 남편은 아내의 골방에 자유롭게 출입하면서 자기만의 공간에는 아무도 들어오지 못하게 했다. 남자에게 사적 공간은 사회에서 자신의 경제적, 지적 역할을 확대하기 위한 용도로 쓰였다. 아내는 골방에 책상을 두고 집안 관리에 도움이 되는 귀중한 책과 물건을 몇 가지 비치한 반면, 서재라고도 불리던 남편의 사적 공간에는 부동산 관리, 사업 혹은 연구나 출판에 필요한 서류, 지도, 과학 실험 도구 등이 있었다.

남편의 방은 잠금장치가 있는 밀폐된 공간으로서 일상에서 벗어나는 휴식처인 동시에 물건들을 안전하게 보관하는 장소였다. 주인의 정신세계와 부를 보여주는 '호기심의 방cabinet of curiosity'(근대 초기 유럽의 상류층과 학자들이 자신의 저택에 온갖 진귀한 물건을 수집하여 전시했던 공간-옮긴이)의 전신인 동시에 두 남자가 기밀 사항에 관한 대화를 나누는 사업의 공간이기도 했다.

프라이버시의 건축결정론을 반박하는 마지막 근거는 현관문 너머에 위치한다. 현관은 사람들을 내보내기도 하고 들여보내기도 한다. 집이라는 물리적 공간은 사적 공동체를 정의하고 침해와 감시를 피할 법적 권리를 주었지만, 그렇다고 집에서만 친밀한 관계를 유지하거나 혼자 사색을 할 수 있는 건 아니었다. 사람이 꽉꽉 차 있는 집에 살면서 남들의 눈과 귀를 피해 대화를 나누는 가장 간단한 방법은 바깥으로 나가는 것이었다. 사람으로 붐비는 도심과 거리에서도 생활의 많은 부분이 이뤄졌다.

19세기 중반까지 남자들은 야외에서 노동을 했고 아내와 아이들은 집 주변의 열린 공간에서 일하고 대화하고 놀이를 즐기곤 했다. 날씨와 계절에 따라 여건이 달라지긴 했지만 원치 않는 타인의 눈길을 피하는 방법은 항상 존재했다. 사람들은 그런 방법을 통해 구애를 하고 우정을 쌓았다. 사적인 공간 속에 틀어박히는 은둔 외에도 밖에서 일하면서, 매주 열리는 시장에서, 교회 예배를 드리면서 비밀스럽게 대화를 나눌 기회가 많이 있었다. 장거리 여행에서도 가족과 하인의 감시를 피해 대화를 나눌 기회가 많았다. 사생활의 범위는 공간의 넓이가 아니라 이동할 수 있는 거리에 의해 정해졌다.

중세 후기부터는 프라이버시를 위해 야외 공간을 일상적으로 사용했을 뿐 아니라 별도의 공간까지 확보했다. 14세기에 이미 왕궁, 수도원, 귀족의 저택 주위에는 상당한 비용을 들인 격식을 갖춘 정원이 조성됐고 농민과 도시의 집주인들은 집에 딸린 좁은 땅을 경작했다. 나무, 꽃, 채소류에 대한 수요가 늘어나자 전문 종묘업자와 종묘원이 등장했다. 유해한 동물을 차단하고 사유지라는 표식을 위해 울타리나 도랑으로 정원을 보호했고 여유가 있으면 담장을 둘렀으며 무단 침입에 대해서는 법적 조치를 취했다.

집 안의 방과 마찬가지로 외부 공간에도 중복되는 기능이 있었다. 외부 공간에서는 주로 식량 작물을 재배했으나 연못이나 강둑이 있는 곳에서는 15세기부터 취미 낚시가 많이 행해졌다. 예를 들어 17세기 영국 시골의 삶을 기록한 작가 니컬러스 애슈턴 Nicholas Assheton의 일기를 보면, 과수원에 나무를 심고 친구들과 낚시와 사냥을 하고 친구들의 집까지 말을 타고 가서 즐거운 저녁을 보냈다는 등 거의 야외생활로 채워져 있다. 야외 공간이 타인과 가족에게서 떨어져 자유롭게 휴식을 취하는 장소였던 것이다.

17세기 귀족인 앤 클리퍼드 부인 Lady Anne Clifford이 남긴 일기와 편지 등을 통해 당시 생활을 알 수 있는데, 그녀는 사촌과 우정을 쌓기에 가장 좋은 장소가 야외라는 사실을 기록하기도 했다.

사촌 프랜시스 부르시에, 프랜시스 러셀과 함께 정원 산책을 많이 하면서 사이좋게 지냈다.

또한 야외 공간에서도 여러 형태의 은둔적 활동이 가능

했는데 앤 부인은 다음과 같이 기록했다.

오후에 정원으로 나가서 그곳에 서 있는 묘비에서 기도를 했다.

다음 날 그녀는 적절한 기회에 하인들의 눈과 귀를 피해 남편과 비밀리에 사업과 관련된 대화를 나눴다.

나는 그이와 함께 정원으로 나갔고 그곳에서 그이는 삼촌과 함께 운영하는 사업에 관해 많은 이야기를 했다.

땅을 가진 상류층에게는 호젓한 정원에서 신선한 공기를 마시며 걷는 일 자체가 오락이었다. 산책은 건강에도 좋았고 대화를 나누거나 사색을 할 수 있는 활동이었다. 프랜시스 베이컨Francis Bacon은 1625년에 쓴 에세이에서 곳곳에 조용한 오솔길이 있고 커다란 그늘이 만들어지는 한 정원의 배치를 극찬하면서 그런 곳에서는 태양이 어디에 있든 간에 그리고 바람이 세차게 불 때도 걸을 수 있다고 언급했다. 날씨와 계절에 관계없이 걷는 활동을 계속하기 위해 새로 짓는 시골 대저택은 위층에 긴 회랑형 복도와 폐쇄식 통로를 갖추기 시작했다.

이렇듯 걷기에 초점을 맞춰 프라이버시의 역사를 설명하는 관점은 20세기 넘어서까지 이어진다. 실제로 중세 시대부터 사적 활동을 중요시했던 사람들은 물리적 환경 구축을 중요하게 생각했다. 이를 테면 벽으로 둘러싸인 야외 공간은 실내의 폐쇄된 방과 동일한 기능을 수행했다. 16세기 후반 뉘른베르크의 한 상인은 고향에 있는 약혼녀에게 '신께서 우리를 당장 만나게 해주시지는 못할지라도 나는 여전히 신께서 우리만의 방이나 꽃 핀 정원에서 기쁨의 재회를 이끌어주실 것이라 믿습니다'라는 편지를 보내기도 했다.

더 부유한 사람들은 어디서 시간을 보낼지 선택할 여유가 충분했다. 1599년 8월 24일 마거릿 호비 부인Lady Margaret Hoby이 쓴 일기에는 여름날 저녁에 여러 장소로 옮겨 다니면서 친구들, 남편 그리고 신과 내밀한 대화를 나눴다는 기록이 있다.

나는 식사 모임에 갔고 식사 후에는 몇몇 친구들과 이야기를 나누며 시간을 보냈다. 그러고 나서 혼자 기도하러 갔다. 그이와 함께 마차를 타고 바람을 쐬고, 집에 돌아와서는 정원을 거닐며 설교 내용에 관해 명상하고 열심히 기도한 다음 저녁을 먹으러 갔다. 저녁을 먹은 다음에는 다 같이 기도하고 나서 잠자리에 들었다.

마차를 소유하지 못한 계층은 호비 부인처럼 완전한 사적 시간을 누리기가 어려웠으므로 그날그날 일하고 즐기는 중간 잠깐씩 훔쳐낸 순간들에 의존해야 했다. 주거 수준이 상승함에 따라 가장 달라진 결과는 문을 잠글 수 있는 서재가 생긴 것도 아니고 부부 침실이 생긴 것도 아니다. 바로 일상에서 남몰래 성관계를 가질 기회가 많아졌다는 사실이다. 집에 방이 많아지면서 잠시 비어 있는 방도 생겼으며 2층을 올라가는 계단이 생기면서부터 계단이라는 수직 통로에서 우연한 만남이 가능해졌다. 물론 그런 공간에서의 대화는 여전히 방해받기가 쉬웠다. 방해를 피하고 싶으면 정원과 텃밭, 차도와 거리로 나가면 되었으므로 계단 통로 같은 곳에서 만나는 것은 의도된 만남으로 해석될 여지가 있었다.

혼자 하는 기도와 혼자 쓰는 일기

근대 초기에 접어들 무렵 '사적private'이라는 단어가 가장 빈번하게 사용된 곳은 신앙심 깊은 남녀의 개인적인 글이었다. 청교도였던 마거릿 호비 부인이 쓴 일기 중 두 번째 글은 옷을 갈아입는 순간부터 시작되는 바쁜 아침을 요약해서 보여준다.

> 단장을 끝내고 혼자 기도를 했으니 주께서 기뻐하시고 자비를 베푸실지어다. 기도를 마치고 집 안을 돌아다니며 톰슨의 아내에게 교리를 가르쳤다. 그런 다음에는 아침 식사를 하고 밖으로 나가서 시계가 11시를 치기 직전까지 머무르다가 성경의 2개 장을 읽고 식사를 하러 갔다.

종교개혁 이후의 기도야말로 개인의 감정과 생각을 관리하는 행위로서 프라이버시의 진정한 시작이었다는 주장에는 근거가 있다. 마거릿 호비 부인은 일반적인 신앙생활과 내적인 명상을 명확하게 구분했고 신과의 교류이기도 했던 이런 명상은 고립된 공간에서 혼자 해야 한다고 생각했다. 개인 기도에는 육체적, 정신적인 틀이 있었다. 가까운 사람들과 최대한 멀리 떨어져 고립된 상태로 수행했으며 강렬한 영적 자기 점검의 과정을 거쳤다. 이 시기 개인 기도에 대한 안내서가 출간되기도 했는데 그 지침 중에는 '혼자가 되어, 바라는 바를 주께 간청해야 한다'는 구절이 있다. 또한 '어느 누구와도 함께 있지 않고 사랑하는 가족과 친지, 친한 친구들로부터 물러나 가장 친밀하고 사적인 공간으로 혼자 들어가야 한다'고 조언한다.

이런 의미에서 골방은 이상적인 환경이었지만 골방이 없을 경우 방의 한쪽 구석이나 침대로도 충분했다. 혹은 클리퍼드 부인과 호비 부인처럼 정원을 산책하며 기도를 올릴 수도 있었다. 신자들의 일기에는 그들의 엄청난 노력이 강조되어 있다. 시간과 공간이 모두 값비싼 자원이었던 시대에 신과의 영적 교류를 확실히 하려면 시간과 공간을 확보해야 했기 때문이다.

기독교에서는 오래전부터 개인적 신앙과 교회의 감시 사이에 긴장이 존재했다. 중세의 신자들 사이에서 다양한 목적을 위한 개인 기도는 드문 일이 아니었다. 당시 수도원은 전통적으로 격리와 은둔을 강조했다. 가톨릭은 16세기부터 개인적 신앙과 영적 명상을 높이 평가했다. 아침과 저녁에 행해지는 가족 기도는 칭찬과 격려를 받았다. 죄의 기준이 행위에서 의도로 옮겨가면서 신자의 성찰은 더 중요해졌다. 그러나 가톨릭교회는 점차 신자와 신의 매개자로서 성직자의 역할을 강조하기 시작했고 개신교 신자들은 여전히 중재자 없이 신과 곧바로 교류하며 기도했다. 그렇다고 개인적 신앙과 집단적 신앙이 구분된 건 아니었다. 가톨릭 사제들은 신도들을 1년에 한 번 고해성사에 참여시키기도 어려웠으며, 15세기 개신교 교회도 공동체의 역할과 교구 관리를 중요하게 여겼다.

개인 기도라는 개념은 가정 내 신앙 활동이나 교회 예배 같은 필수적인 신앙 행위와 연결되는 범위 안에서 의미를 가졌다. 여성이 집안에서 하는 역할 때문에 이러한 신앙 행위에서 배제되는 일은 없었다. 마거릿 호비 부인은 주중에 개인 기도를 할 때는 일요일 예배의 설교 내용을 되새김했다. 동시에 집안일을 하면서 하인들과 식솔들에게도 기독교 신앙을 알려주고 실천하도록 했지만 내면의 자아에 집중할 때는 반드시 신과 일대일로 만났다.

그러나 개인 기도를 종교와 떼어놓은 채 혼자 있을 권리, 즉 프라이버시라고 간주해서는 안 된다. 18~19세기 사업가이자 정치가였던 새뮤얼 슬레이터 Samuel Slater는 "고독은 항상 우울과 함께하고 세상과 떨어져 고독하게 지내는 삶은 큰 불행으로 간주된다"고 경고했다. 폐쇄된 공간에서 자신의 생각과 행동에 집착하는 행동은 모범적인 기도라기보다 도리어 기도의 부재를 나타내는 척도가 되었다. 혼자만의 시간이 필요한 이유는 신과의 연결을 복원하고 깊게 만들기 위해서였다. 영적 대화의 주요 소재인 죄책감은 일과 쾌락 속에서 신을 너무 쉽게 잊어버렸기 때문에 생긴 결과였다.

17세기 영국의 성직자인 랠프 조슬린Ralph Josselin은 일기에서 '다행히 이번 주에는 내 마음이 지난주만큼 어리석은 허영을 좇아 움직이지 않았다'면서 '그러나 사탄 같은 존재가 웃거나 울면서 유혹과 사치를 들이대며 하나님에게서 구원받으려는 내 생각을 지우려 한다'고 썼다. 신과 멀어지는 개인주의는 타락한 천사의 영역에 속했다. 16~17세기 영국의 신학자인 대니얼 피틀리Daniel Featley도 "그렇게 기도할 때 우리는 무엇보다 우리 자신을 부정해야 한다"고 외쳤다.

우드퍼드 목사Parson Woodford의 일기는 다른 사람들의 일기와 마찬가지로 개인 기도와 비밀 기도를 구분하고 있으며 때때로 은둔의 정도를 나타냈다. 1637년 12월 26일, 우드퍼드는 일기에 이렇게 썼다.

나는 비밀 기도를 했고 아내와 단둘이서도 기도했고 공개된 장소에서도 기도했다.

이 맥락에서 개인 기도와 비밀 기도의 구분이 드러난다. 여기서 개인이란 기도라는 영적 의식을 수행하는 데 있어 자기 자신과 사람들 사이의 다양한 관계를 지칭한다. 따라서 혼자 혹은 단둘이서 하는 기도도 개인 기도에 속했다. 그러나 비밀이라는 단어는 신과 단독으로 나누는 깊이 있는 대화를 표현한다. 17세기 영국의 성직자 존 비들John Beadle은 인간이 거의 수행하지 못하는 의무가 있다고 한탄하며 일기에 이렇게 기록했다.

금식과 기도를 통해 양심을 지키고 홀로 골방에 틀어박혀 하나님과 열성적으로 대화하는 사람은 어디에 있는가? 하나님 아버지께서 은밀하게 보시고 그 사람에게 공공연히 상을 내릴지도 모르는데 말이다.

이 글은 가장 심오한 형태의 영적 활동으로서 침묵 기도의 역할이 점점 중요해지고 있음을 보여준다. 케임브리지대학 역사학 교수 피터 버크Peter Burke는 침묵 기도가 내면의 귀를 여는 기술이라고 했다. 비밀과 침묵은 깊은 기도를 뜻했다. 강렬한 자기 성찰은 참회하는 자의 깊은 내면과 베일에 싸인 구세주 사이에 통로를 열어주었다. 중세 수도원의 관습이 경건한 사람들의 일상생활로 옮겨온 것이었다. 세속적인 신자의 바쁜 삶에 카르투지오 수도회나 시토 수도회의 엄격한 일과와 의식을 복제할 수는 없었지만 적어도 신과의 조용한 교류에 시간을 많이 투입할 수는 있었다. 중세 후기에 가장 인기 있었던 필사본도 수도원의 신앙생활 시간표를 토대로 쓴 《시간의 책》이었다.

혼자 하는 자기 점검은 가까운 과거를 되돌아보는 시간이고 신은 탄원하는 인간들과의 거래를 기록한다고 간주되었다. 존 비들은 "하나님은 우리를 보살펴주신 일, 우리에게 내려주신 비용, 우리에게 주신 좋은 것을 모두 일기장에 기록해두실 것 같다"고 주장했다. 이른바 천상의 일기라는 개념은 날마다 일어나는 일들을 꼬박꼬박 기록해서 모아두는 행위가 점점 중요해졌다는 방증이다. 16세기 말부터 일기 쓰기는 상류층 사이에서 보편적인 관행이 되었다. 일기라는 형식은 세속적이고 종교적인 열정을 모두 담아낼 수 있었다.

한편 손으로 쓴 노트는 상업적 거래와 전문 직업인들의 활동에 반드시 필요한 부속물이 되었다. 르네상스 시대 피렌체의 상인들은 회계 장부뿐 아니라 사업의 진행 상황을 기록했고 나아가 가문의 부가 늘어나는 과정까지 기록했다. 계약을 실행할 때나 정치적 입장을 정할 때 또는 사업을 후계자에게 물려줄 때 날짜와 사건이 명시된 서면 기록이 있다는 건 매우 유용하고 또 가치가 높았다.

특히 고해성사에 대해 정기적으로 답변을 듣지 못했던 개신교도의 입장에서는 일기 쓰기가 여러 가지 목적에 부합했다. 일기를 쓰는 행위는 자신의 결함을 되새기고 신에게 올린 탄원을 기억하며, 매일의 생각과 행동 중 영적으로 의미 있는 부분을 골라 기록하는 과정이었다. 이를 통해 신과의 관계에서 나타난 징표를 남기고 성찰을 이어갔다. 일기 쓰기는 기도의 보조적 활동이자 그 자체로 종교적 명상이 되었다. 우드퍼드 목사는 1637년에 자신의 결혼생활을 되돌아보는 일기를 쓰기 시작했다.

> 그러나 주여, 주께서 우리에게 서로에 대한 특별한 사랑을 주셨듯 앞으로 다가올 시간에도 우리를 매우 신중하고 지혜롭게 만들어주시기를 기도합니다. 겸손히 기도하오니, 주께서 우리에게 온갖 정열을 다 스릴 힘과 조심성을 주셔서 우리 사이의 진정한 애정을 방해하는 어떤 일도 일어나지 않게 해주시기를 기도합니다. 주께서 제 소중한 아내에게 저의 가

난한 어머니를 향한 따뜻한 애정을 주시고, 아내의 태도와 표현에 지혜가 깃들게 하시기를 간절히 바라나이다.

또한 일기는 자아 정체성을 확립하고 관리하는 데 있어 읽기와 쓰기의 중요성이 점점 커지고 있었음을 보여준다. 프랑스의 역사학자 필리프 아리에스Philippe Ariés는 1999년에 시작된 《사적인 삶의 역사》 시리즈를 집필할 때 "사생활의 발상지인 영국에서 1500년대 후반부터 일기가 널리 쓰인 것은 우연이 아니다"라고 주장했다. 아리에스의 견해를 뒷받침하듯 16세기 초에는 문해력이 일부에게만 국한된 능력이었다.

1530년에서 1730년 사이, 영국에서는 젠트리, 성직자, 전문직 종사자의 거의 대부분이 글자를 읽고 해석할 수 있었다. 자작농의 경우 약 3분의 2, 상인과 장인의 경우 절반 미만, 낙농업자와 노동자의 경우 5분의 1 이하였다. 여성의 문해력은 문해력이 가장 낮은 수준의 남성 집단보다도 약간 낮았다. 19세기까지 유럽의 선진 국가들에서는 사회적, 경제적 지위가 낮아질수록, 남성에서 여성으로 갈수록 문해력이 일관되게 낮아졌다.

인쇄술이 보급되고 신자들이 성경을 비롯한 종교 문헌

을 직접 읽는 행위가 종교개혁의 동력이 되었지만, 개신교 성직자들은 여전히 많은 사람들이 하나님의 말씀을 글로 읽는 게 아니라 교회에 앉아 설교를 들음으로써 접한다고 생각했다.

기도하듯 천천히 성경을 읽는 관습은 중세 수도원에서 확립되어 점차 평신도 사이로 퍼졌다. 하지만 폐쇄적이었던 15세기 세계에서 사람과 책의 가장 사적인 접촉은 여전히 사회적, 공동체적 관행에 의존했다. 글을 읽을 상황이 많아지면서 전보다 많은 사람들이 동일한 글을 읽거나 들었고 그 글의 내용을 마음속으로 실행하거나 토론과 대화를 통해 실천했다.

중세 후기부터 지역 언어가 문자화되면서 교육받은 상류층이 문자를 접하는 기회가 늘어났지만, 필사본으로 책을 만들던 문화에서 책과 글은 매우 귀했기 때문에 개인이 아닌 집단이 함께 읽고 내용을 공유하는 경우가 많았다. 인쇄술 혁명이 일어나고 개인이 책을 소유하고 읽게 되면서 독자가 불특정 다수로 확산되었음에도 불구하고 글과 문자 해독에 대한 수요는 항상 공급을 초과했으므로 성별 구분 없이 글을 읽는 독자들 사이에서 내용을 공유하는 관행이 자리 잡았다.

오직 둘만을 위한 편지

소통 기술을 활용해 관계를 발전시키는 이른바 '가상 프라이버시virtual privacy'는 중세 초기에 개인과 사회 사이의 뚜렷한 긴장 속에서 나타났다. 15세기가 되자 서신은 성직자 등 전문 직업인의 업무 수단뿐 아니라 세속적인 남녀가 서로의 관심을 표현하는 수단으로 역할이 확장되었다. 현존하는 중세 시대 편지들은 대부분 금융이나 정치와 관련된 내용이지만, 떨어져 지낼 수밖에 없는 상황에서 남녀가 애정을 유지하고자 주고받았던 편지들도 존재한다.

    글쓰기 기법을 가르치는 중세의 수사학이 편지 쓰기 안내서로 대체된 것만 봐도 당시 편지의 역할이 달라진 것을 알 수 있다. 영문으로 최초 출판된 편지 쓰기 교본은 작가인 윌리엄 풀우드William Fulwood가 1571년에 내놓은 《게으름의 적》이다. 이 책은 모든 종류의 서신에 대해 내용을 구성하고 작성하는 방법과 답장 쓰는 방법을 가르쳐준다. 또한 한 편의 헌정시를 통해 서신 교환의 목적을 설명한다.

*편지로 우리는
마음을 전할 수 있어요.
친구에게, 비록 먼 거리에
우리를 떼어 놨더라도.
편지로 우리는
부재를 존재로 만들고,
실제로 마주보는 것처럼 대화도 해요.
우리가 함께 확인한 것처럼요.*

문자로 쓴 서신은 멀리 떨어진 아쉬움을 상쇄해주었다. 외국에서 일하는 사업가, 여러 채의 집을 옮겨 다니며 사는 지주, 하인이나 견습생으로 파견된 아이들, 이들에게는 연인을 서로 갈라놓고 남편과 아내를 갈라놓고 자녀에게서 부모를 갈라놓는 거리의 장벽이 언제나 존재했다. 뉘른베르크의 젊은 상인 발타사르는 해외여행을 떠날 때 약혼녀 막달레나에게 '짧은 편지로 나에게 와주시오'라고 써보내며 외로움을 견딜 수 있었다. 타지에서 일하던 뉘른베르크 상인 루카스 프리드리히 베하임은 미래의 신부에게 이렇게 편지를 썼다.

이것이 하나님께서 정해주신 일이라는 걸 알고, 내

가 지금 일생의 과업을 수행하고 있다는 걸 알기에 나는 자발적으로 인내를 선택합니다. 나를 강하게 만들어주고 내가 잘 버티도록 해줄 유일한 버팀목은 당신이 보내주는 짧지만 다정한 편지입니다. 당신의 편지는 내 마음속 깊은 곳의 슬픔을 어루만지고, 말하자면, 지금은 죽어 있는 나의 내면을 다시 살려낼 것 같습니다. 사랑하는 이여, 당신이 내 가슴의 소망을 이뤄주기만을 간절히 원하지만, 당신의 형편이 허락하는 한도 내에서 해주길 바랍니다.

남성들만 서신을 교환한 것은 아니었다. 편지를 보내고 받는 일은 똑똑하고 유능한 여성들이 집이라는 물리적 제약에서 벗어나는 몇 안 되는 수단 중 하나였다. 반드시 스스로 글을 읽고 쓸 줄 알아야 하는 것도 아니었다.

15세기 패스턴 가문 사람들이 주고받은 편지를 엮은 《패스턴 레터스 Paston Letters》를 통해 영국에서 편지를 가장 많이 썼던 것으로 알려진 마거릿 패스턴 Margaret Paston 은 아예 글을 읽지 못했던 것 같다. 그녀는 편지를 받아쓰게 하고 답장을 소리 내어 읽어주는 일을 서기에게 많이 시켰다. 그녀의 편지 104통에 적힌 이름이 무려 29명의 필체로 쓰였다는 사실을 보면 그렇다. 남편이 노포크에 위치한 집에서

150킬로미터 넘게 떨어진 런던을 자주 오갔으므로 편지는 그녀의 일상생활에 깊이 들어와 있었다.

그녀의 전기 작가에 따르면 그녀는 언제든, 어떤 시각이든 가리지 않고 편지를 썼다. 일요일, 성인들의 축일, 위령의 날(기독교에서 성인들을 기리는 날-옮긴이), 크리스마스이브, 부활절, 승천절, 성십자가 발견 축일에도 썼다. 남편이 집을 떠난 그날에 바로 편지를 썼고 남편과 헤어진 날 밤 9시에 다시 편지를 썼으며 11시에 촛불을 켜놓고 또 쓰고 밤에 종이 9번 칠 때 혹은 급하게 밤중에 편지를 또 썼다.

서신을 통한 소통은 스트레스를 덜어주는 동시에 스트레스를 유발했다. 서신은 멀리 떨어진 동반자가 아직 건강하게 살아있고 아이가 공부를 잘하고 있으며, 눈앞에 없는 연인의 애정이 식지 않았다는 확신을 주었다. 또한 지난번에 건강한 모습을 본 사람에게 나쁜 일이 닥치지 않았다는 것을 확인하기 위해 편지를 썼고 답신이 늦어지면 이유에 관해 끝없이 추측했다. 편지를 보내고 받는 과정에는 그래서 항상 약간의 불안이 남아 있었다.

헨리 8세가 설치한 왕실 우편은 개인을 위한 서비스가 아니었고 1635년 개혁 이후에야 민간 우편이 공식적으로 국가 서비스의 일부로 편입되었다. 그전까지 편지 전달은 친구와 친척, 여행길에 오르는 고용인들에게 의존해야 했다. 그런 사람들의 호의 덕분에 가상 프라이버시가 가능하긴 했지만 보안은 거의 지켜지지 않았다. 답장이 지연되는 것이 편지를 받은 사람의 잘못인지 아니면 배달 방식의 문제인지 항상 불명확했다. 마거릿 패스턴은 초조한 마음으로 남편에게 다음과 같은 편지를 보냈다.

지난 금요일 로런스 리드가 보낸 편지를 받았는데, 그 편지를 보니 저로부터 아무런 소식을 받지 못했다고 되어 있군요. 그래서 저는 놀랐어요. 치톡 씨 네 아들이 런던에서 견습생으로 일하는데 그를 통해 당신에게 편지를 보냈거든요. 추수감사절 지나고 첫 목요일에 그에게 편지를 맡겼고 그는 바로 그날 출발하고 런던에 도착해서 최대한 빨리 당신이 편지를 받아보게 하겠다고 약속했답니다.

15세기와 16세기에 서신의 양이 늘어나고 사적인 소통에 대한 관심이 높아지면서 계산된 위험도 커졌다. 여럿이 함께 편지를 쓰고 받는 일도 여전히 많았지만 서신 교환은 여전히 개인의 교류였다. 편지에는 실제로 종이에 펜을 댄 사람의 서명이 들어갔고 편지에 적힌 수신인은 일단 개봉되지 않고 읽히지 않은 상태로 편지를 받는 것이 정상이었다.

보안을 위해 인장과 같은 장치가 사용되었으며 민감한 편지를 쓸 때는 사업상 비밀이나 가족의 비밀을 보호하기 위해 암호를 사용하거나 식초, 소변, 구연산수 같은 눈에 보이지 않는 잉크를 쓰기도 했다.

서신은 프라이버시의 결과이자 확장이었다. 서신의 교환은 부유한 상인, 집을 떠나 사업에 종사하는 젠트리 그리고 볼일을 보러 다닐 때 종종 편지를 운반했던 견습생과 소매상 등 사람들의 이동이 증가하고 있었음을 반영한다. 집 안 환경의 변화도 서신 교환을 용이하게 했다. 서재나 골방을 가질 정도의 재력이 있는 사람들은 서재에서 편지를 쓰고 남이 엿보지 못하도록 잠금장치 있는 방과 책상에 보관했다.

사람들은 넓어진 집 안의 자투리 공간이나 집 주변의 정원과 들판에서 편지를 읽고 썼다. 뉘른베르크 상인 발타사르의 약혼녀 막달레나는 '우리 집 정원에서 딴 꽃을 이 편지에 넣어 같이 보냅니다. 나는 늘 정원에서 편지를 쓰기 때문에 꽃을 잊지 않아요'라고 썼다. 서신 교환은 은밀한 소통에 대한 열망이 커졌음을 증명한다. 윌리엄 풀우드의 편지 쓰기 교본은 애정과 은폐의 연관성을 강조했다.

사랑의 편지가 오고 갈 때,
그리고 마음과 마음이 선언할 때,
숨겨둔 것들과 마음속 비밀을
동네방네 떠들어대지 않아요.
누구에게도.
우리가 지정한 그 사람만 빼고.

이러한 가상 프라이버시에 의해 촉진된 개인주의는 본질상 사회적인 성격을 띠었다. 서신을 교환하는 이유는 친구, 친척, 동료와의 느슨한 네트워크를 유지하는 것이었다. 글을 읽지 못하는 사람이 서신 교환이라는 관행에 조금이라도 참여하려면 쉽고 빠르게 연결되는 인맥을 동원해야 했다. 사람들이 서신을 교환하면서 친밀한 정서적 교류는 물리적 공간과 거리에 덜 의존하게 되었고 그 결과 더없이 매력적이면서 취약한 비밀의 영역이 확대되었다.

내밀한 관계를 지키기 위한 노력들

1612년 성직자인 존 도드John Dod와 로버트 클레버Robert Clever는 《경건한 가정 통치체제: 하나님의 말씀에 따라 가정을 다스리기 위하여》라는 제목의 긴 가정생활 안내서를 출판했다. 제목처럼 가정을 경건하게 다스리기 위해서는 하나님의 말씀을 따라야 한다. 하나님의 말씀은 전통적으로 잘 관리된 가족 단위를 가리키는 비유로 시작한다.

무릇 가정은 공동의 재산과도 같아서 선하게 다스리는 집에는 하나님의 은총이 더 커지고 서너 가족의 공동 재산이 유익을 얻으며 그 집에 사는 모두가 많은 위로와 재물을 얻을지니.

가장의 역할은 신이 부여했으므로 중대한 영적 책무가 있었다. 가장은 일요일마다 온 가족을 교회로 이끌고 주중에는 가족 모두에게 가르침을 주면서 종교적인 문제도 처리했다. 하지만 도드와 클레버는 공식적인 역할과 책무를 간단히 설명하는 것으로 만족하지 않는다. 책의 뒷부분에서 그들은 남편과 아내의 관계를 덜 위계적으로 묘사했으며 가정 내에서 소통할 때나 가족 구성원들이 이웃과 소통할 때 경계선이 중요하다고 강조했다.

도드와 클레버가 바라본 결혼은 신체적 정보와 개인적 정보의 긴밀한 교환을 밑바탕으로 삼는 것이었다.

두 사람이 각자 자기 신체의 불완전한 부분, 약한 부분, 부족한 부분을 상대에게 밝혀야 편안해지고 관계가 좋아진다. 각자가 가진 평범하고 보잘것없는 재산과 물질도 서로에게 진실하게 알려야 한다. 다만 그럴 때는 사기와 술수와 불화로 상대를 얻으려 해서는 안 되며 오히려 상대를 잃을 위험을 감수해야 한다.

결혼은 두 개의 역사가 합쳐지는 것이므로 장점만이 아니라 단점도 받아들여야 하며 그 두 개의 역사를 충분히 공유해야 한다. 신뢰와 비밀은 서로를 지탱하는 힘이었다. 따라서 부부가 관계 속에서 서로에게 솔직해지려면 타인에게 전달되는 내용을 통제할 필요가 있었다.

상대를 충실히 섬기면 사랑이 훨씬 커진다. 결혼과 관련된 일에서는 상대에게 비밀도 사생활도 가져서는 안 되며 상대의 약점이나 허점을 발설하거나 공개하지 않아야 한다.

도드와 클레버는 부부가 그런 문제를 조용히, 신속하게 처리하기 위해 노력해야 한다고 말한다. 불화가 생긴 순간부터 부부는 집안의 한정된 공간을 함께 쓰는 사람들에게 불화를 최대한 숨겨야 했다. 남편과 아내가 말다툼을 할 때는 아이들이나 하인들 앞에서 하지 말고 둘만 있는 곳에서 사적으로 해야 했다.

집안 관리를 위해 고용된 사람들의 호기심은 언제나 위험 요소다. 가정의 규모가 작을수록 가족 구성원들이 서로 바짝 붙어 있어야 했고 하인들이 집안일에 개입할 위험이 커졌다. 교회 법정에는 몰래 보고 엿들은 것을 바탕으로 증언하는 하인들이 넘쳐났다. 하인들은 끊임없이 잡담을 나눴고 다른 집 하인들과도 뒷담화를 했다. 부부가 둘만의 비밀을 지키지 못하면 신뢰의 관계를 유지하기가 극도로 어려워졌다.

이렇듯 집 밖에서도 희망과 현실 사이에서 타협할 필요가 있었다. 한집에 사는 사람들은 가족의 상황에 관해 어느 정도 공유되기를 바랐다. 잡담은 가족의 집단적 가치를 구현하고 규율을 확립하는 데 필요한 과정이었다. 위기를 맞이한 가정이 효과적인 대응책을 마련하기 위해서는 무엇이 필요하고 무엇이 공정하며 어떤 도움을 받을 수 있는지에 관한 정보가 필요했다.

지역 경제를 떠받치는 신뢰와 부채의 네트워크는 평판에 의해 유지되었다. 이해득실이 걸린 결정은 그 집안 사람들의 도덕적, 금전적 평판을 토대로 내려졌다. 그러자 이웃들 사이에 오해와 거짓 혐의에 관한 대화가 오가게 되었다. 가능한 경우에는 비공식적으로 해결책을 찾았지만 소송까지 가는 분쟁의 수도 늘었다. 분쟁의 원인은 정보를 획득한 부정한 방법과 그 정보의 의도적 왜곡이었다. 16세기 후반 법원에서 다뤄진 사건의 5분의 1은 훈육이나 엿듣기와 관련이 있었다.

개인사를 절대적인 비밀로 하는 것은 실현 가능하지도 않았고 용납되지도 않았다. 상속이라는 중요한 영역에서 유언 처리는 관습에 따라 이뤄졌으며 17세기 후반이 되어서야 사적인 이유로 누군가를 유언장에서 뺄 수 있게 되었다. 사람들에게 알려진 바가 없는 개인은 즉시 의심을 받았다. 가족 구성원들이 각자의 연애에 관한 대화를 삼가면 불신이 싹트고 서로에 대한 지지가 사라졌다. 이렇듯 날마다 처리해야 하는 과업들은 요구와 기대 사이에서 균형점을 찾아가고 있었다.

중세 시대 친밀한 관계의 프라이버시는 지켜져야 하는 가치였다. 15세기 베네치아의 학자 프란체스코 바르바로Francesco Barbaro는 "모든 걸 함께 결정하면서 집안의 걱정거리를 덜어내는 것보다 큰 기쁨이 있을까? 겸손한 아내, 좋은 날에나 궂은 날에나 함께하는 동반자, 배우자이자 친구를 가지는 것보다 큰 기쁨이 있을까? 당신의 일에 관한 지극히 사적인 생각을 누구에게 털어놓을 수 있는가?"라고 말한 바 있다.

집 안에 사람이 북적북적하더라도 점잖은 부부라면 집안에서 단둘이 소통이 가능한 폐쇄된 장소를 하나쯤은 생각해낼 수 있었다. 심지어 규범에 위배되는 성관계를 맺는 사람들도 프라이버시를 바랐다. 하인이나 이웃에 의해 폭로된 간통이 수없이 많았다는 것은 두 가지로 해석 가능하다. 첫째, 집이 튼튼하게 지어지지 않아서 늘 방해받을 위험이 있었다. 존 로크John L. Locke는 "엘리자베스 시대 영국의 주택은 벽에 구조적 결함이 하나만 있어도 방음에 취약하여 이웃과 행인이 아주 가까이 있는 것처럼 소리가 잘 들렸다. 그러나 그 집에 사는 사람들은 벽에 둘러싸여 있다는 이유만으로 자기가 혼자 있다고 착각한다"고 지적했다.

둘째, 사람들이 끊임없이 오가는 집안에서도 희망에 부푼 연인들은 항상 단둘이 있을 궁리를 했다. 집안에서 어떤 소식을 전달하는 방법에 관해서는 일정한 규칙이 있었고 그 규칙의 일부는 법원에서도 인정받은 것이었다. 따라서 비밀스러운 방법으로 소식을 알아내는 것은 부적절한 행동이었고 엿듣는 행위는 비난을 받았다. 사적 정보를 소유한 사람이 그 정보를 퍼뜨리려면 이웃이 어디까지 알아야 적절한가를 생각해야만 했다.

지역사회 내의 공적인 정보와 사적인 정보 사이의 위태로운 균형은 흔들리고 있었다. 상류층 가족들이 점점 가난한 이웃 및 하인들과 떨어져 따로 식사하고 휴식을 취하면서 공동의 문제를 함께 논의한다는 지역사회의 의미가 퇴색하기 시작했다. 부유한 사람들은 프라이버시를 확보하기가 쉬워진 반면 부유하지 못한 사람들은 프라이버시를 정당화하기가 어려워졌다.

한편 청교도주의가 부상하자 가정의 프라이버시가 과연 타당한 것인지를 재검토하게 되었다. 1630년대에 들어 마침내 영국에서 신교가 우위를 점하자 신교 급진파는 문맹이었던 노동자들의 문화를 변화시키기로 결심한다. 그들은 집안에서 이뤄지는 생각과 행동 그리고 가족 구성원들의 작은 행동 양식에도 공적 책임을 요구했다.

관습적인 오락 행사는 선술집 등 쾌락을 위한 시설들과 함께 공격의 대상이 되었다. 안식일에는 노동이나 춤을 포함한 불경한 행위를 일체 금지하고 교회 예배에 갔다가 돌아온 신도들은 일주일 내내 하나님을 경외하며 살아야만 했다. 또한 도덕적 규율을 강제하기 위해 교회 법정이 설치되었다. 기소에 성공하려면 가난한 노동자들의 목격담을 토대로 노동자에게 존경받는 동네 사람이 확보한 증거가 필요했다. 상호 폭로와 조건부 프라이버시라는 복합적인 시스템을 관통하는 일종의 감시가 이루어진 셈이었는데 그 결과 검열에 대한 강렬한 저항이 생겨났고 이후 회피와 은폐라는 새로운 방법이 생겨났다.

이후 몇 세기 동안 감시의 위협이 존재했던 이유는 사적인 소통에 대해 인식이 거의 없었다는 데 있다. 미셸 드 몽테뉴Michel de Montaigne의 《수상록》에 나오는 다음의 유명한 구절은 일상적인 대화에 비언어적 장치가 풍부하게 활용된다는 점에 주목한다.

> 결국 연인들은 다투고, 다시 화해하고, 부탁하고, 감사하고, 비밀스러운 만남을 잡고, 눈으로 온갖 이야기를 나눈다……. 우리의 손은 또 어떤가? 우리는 두 손을 써서 요청하고, 약속하고, 상대를 부르고, 내보

내고, 위협하고, 기도하고, 간구하고, 거절하고, 질문하고, 놀라움을 표시하고, 셈하고, 고백하고, 회개하고, 두려워하고, 수치스러워하고, 의심하고, 가르치고, 명령하고, 선동하고, 격려하고, 맹세하고, 증언하고, 고발하고, 비난하고, 용서하고, 모욕하고, 경멸하고, 반항하고, 도전하고, 아첨하고, 칭찬하고, 축복하고, 창피를 주고, 조롱하고, 화해하고, 조언하고, 칭찬하고, 환영하고, 기뻐하고, 애도한다. 두 손은 슬픔, 근심, 절망, 놀라움, 외침, 침묵 등을 혀에 못지않게 다양하고 다채롭게 표현한다.

머리는 어떨까? 우리는 머리로 상대를 부르고, 내보내고, 거부하고, 부정하고, 환영하고, 존경하고, 숭배하고, 무시하고, 부탁하고, 거절하고, 기뻐하고, 애도하고, 애무하고, 놀리고, 복종하고, 용감하게 행동하고, 촉구하고, 위협하고, 긍정하고, 질문한다. 우리의 눈썹이나 어깨는 또 어떤가? 눈썹이나 어깨의 모든 움직임은 우리가 따로 배우지 않아도 되는 만인의 공통 언어로 의미 있는 내용을 전달한다.

대면으로 교환되던 정보가 극히 일부였던 16세기 후반의 세계에서 몽테뉴의 이와 같은 통찰은 광범위한 함의를 지닌다. 그의 통찰은 모든 종류의 대화에 적용되었지만 무엇보다 서로의 신체 언어에 익숙한 사람들에게 딱 맞았다. 몽테뉴도 언급했듯이 연인들은 눈빛만으로도 서로를 알아갈 수 있었다. 말은 의사소통의 한 요소에 불과했고 상대가 친숙할수록 말의 중요도는 낮아졌다. 상대에게 비밀이나 사생활이 없는 사람들, 오랜 시간 동안 서로를 알고 신뢰를 쌓아온 사람들은 다양한 방법으로 정보를 교환했으므로 누가 엿듣거나 말을 옮길 가능성이 적었다. 엿듣는 사람과 잡담의 진짜 위험성은 내밀한 관계에 대한 폭로가 아닌 오해에 있었다.

2

군중 속에서

나를 지키다

근대 초기 도시화와 대중매체의 등장으로 얼굴을 마주 보고 하는 직접적 대화가 점점 어려워졌다. 인쇄술은 팽창하는 도시와 마을의 생활에 윤활유가 돼주었고 이에 따라 글을 읽고 이해하는 사람들이 많아지면서 문학이 크게 발전했다. 이러한 변화는 비공식적인 소통에 큰 영향을 끼쳤다. 과거에는 개인들이 주로 물리적으로 가까이 있는 사람들과 언어적 혹은 비언어적 대화를 통해 직접적으로 소통했다면 이제는 개인이 수많은 사람과 접촉하게 되었으므로 '누가 누구에 대해 무엇을 알고 있는가'라는 새로운 질문이 던져졌다.

'혼자 있을 권리'의 기반이 되는 익명성도 불가능한 이야기가 아니었다. 접촉하는 사람들이 너무 많아짐에 따라 타인의 삶에 유의미하게 관여하기가 어려워지면서 고립이라는 상황이 생겨났다. 어찌 보면 가장 우울한 형태의 프라이버시라 할 수 있겠다. 소통의 혁명이라 할 수 있는 인쇄술과 서신으로 은둔이 더 용이해졌기 때문이기도 하다.

프랑스의 역사학자 로저 샤르티에Roger Chartier는 "1500년에서 1800년 사이에 인간이 문자와 맺는 관계가 달라지면서 개인이 공동체로부터 물러나 혼자가 되어 새로운 사적 영역을 창조할 수 있게 되었다"고 한 바 있다. 그것은 개인의 내면에 대한 탐구가 증가하고 독립성이 커지는 과정이기도 했다.

샤르티에는 또한 문해력이 사생활 확립에 반드시 필요한 전제조건이라고 강조했다. 글을 읽거나 쓰면서 사적 소통이 이뤄진 덕분에 개인들은 구시대 집단의 통제에서 벗어나 내면의 삶을 가꿀 수 있게 되었다는 것이다. 이처럼 글을 읽고 쓰는 행위로 인해 개인의 자아 감각이 새롭게 자라날 수 있었다.

17세기를 거치면서 런던의 크기는 거의 3배로 증가했다. 1700년에 이르자 런던은 인구 50만이 넘는 유럽 최대의 도시가 되었다. 영국인 10명 중 1명이 런던에 거주했으며 6명 중 1명은 한 번 이상 런던에 살아본 경험이 있을 정도였다. 매년 약 8,000명의 이주민이 들어와 도시가 계속 성장하자 도시에 살면서 소위 '알아야 할 것들'의 양이 엄청나게 많아지는 문제가 발생했다. 끝없이 팽창하는 도시의 규모와 복잡성을 이해한다는 것이 어떻게 가능했겠는가? 런던에서 길을 제대로 알고 목적지를 찾아가는 보행자나 마부는 없었다.

혼란스러운 일상 속에서 시민들은 사적 정체성과 공적 정체성의 경계를 어떻게 관리할 수 있었을까? 이에 대해 노동과 도시화를 연구하는 사회학자인 리처드 세넷Richard Sennett은 "삶의 물질적 조건 때문에 사람들이 서로에게 물음표를 던졌다"고 설명했다. 1698년 토리당 고위 당직자이자 풍자 작가였던 네드 워드Ned Ward는 〈런던 엿보기The London Spy〉라는 제목의 연재를 통해 그런 의문에 대한 답을 제시했다. 그는 "이 연재를 통해 신사들은 (직접 경험하지 않고도) 시내 풍경을 감상할 수 있고 사람을 파멸로 이끄는 조롱과 교묘한 비꼬기를 피하는 법을 익힐 수 있다"고 주장했다. 이듬해 책으로 출간된 이 연재의 제목은 〈독자를 대신해서 런던이라는 비밀을 해독하다〉였다. 워드는 시골에서 온 여행객의 고전적인 방식대로 현지 안내인과 동행했는데, 이런 방식은 100년 후 피어스 이건Pierce Egan의 〈런던 생활Life in London〉에 이르기까지 수없이 되풀이되었다.

작은 도시와 시골에서는 야외에 나갈 일이 많았음에도 이동하는 행위에 별다른 의미를 두지 않았다. 반면 대도시에서는 보행자를 위해 여러 권의 안내 책자와 휴대용 지도가 탄생했다. 나중에 〈거지 오페라The Beggar's Opera〉를 쓰게 되는 시인이자 극작가 존 게이John Gay는 1716년에 《소소한 지식 : 런던을 걷는 요령Trivia : or, the Art of Walking the Streets of London》이라는 제목으로 아무도 가보지 않은 길고 복잡한 길들에 관한 시적인 안내서를 썼다. 〈런던 엿보기〉와 마찬가지로 이 안내서도 집 안과 지붕 없는 외부 공간의 물리적 차이를 강조했다. 게이는 야외생활의 불편함을 워드보다 더 강조했다. 작가 존 뱅크스John Bancks는 런던에 관한 설명을 하며 '날씨가 어떻든 간에 불쾌한 거리'라고 쓰기도 했다.

　사람들은 창에 유리를 더 많이 끼운다거나 커튼을 더 자주 사용하는 식으로 집 밖의 생활을 차단했고 실내 생활공간도 현관문에서 다소 떨어져 설계됐다. 런던의 주택은 3~4층 높이에 방 1~2개로 지어졌으며 생활공간은 작업장 위에, 침실은 응접실 위에 배치했다. 형편이 넉넉한 사람은 방을 5개까지 사용했고 중간계급에서 부유한 계층은 8개까지 사용하는 경우도 있었다. 도시와 시골의 큰 저택에서는 복도가 일반화되어 분리된 방에서 각자 활동할 수 있었다. 또한 양조, 음식 준비, 음식 섭취를 위한 공간은 냄새와 연기 등을 고려해 방과 따로 만들었다. 어린이, 하인, 방문객을 위해 임시로 사용하던 바퀴 달린 침대 사용은 줄어들고 부부가 사용할 침대와 침구에 대한 투자가 늘어났다. 다만 변화의 속도는 고르지 않았고 가난한 계층은 그런 변화조차도 느끼지 못했다. 하나의 실내 공간에서 여러 활동이 이루어지도록 혼잡하게 설계된 집이 아직 많았다.

집 안이 조금 조용해지자 밖의 거리는 훨씬 시끄러워졌다. 일하는 소리가 정적을 깨고 상인들이 소리 높여 장사를 하고 행인들의 발소리가 포장도로에 더 많이 울렸다. 고요한 시간을 망가뜨리는 소음이 가장 큰 분노를 불러일으켰다. 늘 울리는 교회의 종소리는 예측이 가능했으므로 소음으로 간주되지 않았다.

독서나 편지 쓰기처럼 실내에서 조용히 즐기는 활동이 늘어날수록 사람들은 바깥세상의 소리와 냄새에 더 민감해졌다. 실내 공간의 성격이 달라진 결과물이 바로 각종 안내서였다. 안내서는 거리의 물리적 특성을 생생하게 묘사하면서도 독자를 거리로부터 격리시켰다. 인쇄된 종이는 거리의 소음, 악취, 폭력, 질병을 안전하게 전달하는 역할을 했다. 안내서는 현관문 밖에서 발견되는 온갖 형태의 도덕적, 육체적 타락에 대한 예방책이 되기도 했다.

18세기는 보행자 자유가 정점에 달한 시기였다. 인도가 만들어져 보행자와 바퀴 달린 교통수단이 분리되었고 밤거리에 조명이 늘어났다. 이는 곧 부유하고 존경받는 사람들과 그렇지 못한 사람들이 섞여 있다는 것을 의미했다. 여자들은 베일을 쓰지 않고도 외출해서 돈을 벌거나 쓸 수 있었다. 런던 주민과 방문객들은 산책을 미덕으로 여기고 운동이 건강에 좋다고 찬양하며 남을 구경하는 것과 거꾸로 남들이 그들을 바라보는 것을 즐겼다.

친구나 연인, 생각이 비슷한 타인과 함께 즐길 수 있는 특별한 장소들도 만들어졌다. 그중 가장 유명한 장소가 램버스의 복스홀 가든Vauxhall Garden이다. 뉴스프링 가든으로 불리던 복스홀 가든은 1728년부터 인기가 많은 장소로 손꼽혔다. 작가인 올리버 골드스미스Oliver Goldsmith는 "베이징 사람들이 승마를 좋아하는 것만큼이나 런던 사람들은 걷기를 좋아한다"면서 여름에 이곳 시민들이 자주 즐기는 오락은 해질 무렵 도심에서 가까운 정원으로 나가서 제일 좋은 옷과 한껏 꾸민 얼굴을 뽐내며 산책하고 특별히 준비된 음악 연주를 듣는 것이라고 설명했다.

익명성이라는 예절

 거리 예절의 기본은 비스듬한 시선이었다. 다른 보행자를 완전히 무시하다가는 그 사람과 부딪치는 민망한 상황이 발생했지만 그렇다고 그 사람을 뚫어져라 쳐다보는 것은 사생활 침해였다. 누군가가 다가오고 있을 때는 인도의 안쪽 경로를 택하거나 안쪽 경로를 양보할 필요가 있었다. 당시의 관습은 홈이 패고 가축의 변으로 덮인 도로에서 제일 멀리 떨어진 길을 여자들에게 내주는 것이었다. 길을 따라 늘어선 건물들을 눈여겨보지 않았다가 방향감각을 잃을 수도 있었다. 도시의 풍경을 의식하며 걷지 않으면 목적지에 도달하지 못할 가능성이 높았다.
 하지만 타인의 얼굴을 정면으로 바라보거나 창문을 통해 실내를 들여다보는 행동은 불쾌감을 유발할 수도 있었다. 예의 바르게 소요하는 사람은 보는 것과 보지 않는 것 사이의 적절한 균형을 본능적으로 지키면서 타인을 배려했다. 이런 사고방식은 17~18세기에도 익명성이 중요했다는 것을 뜻하며 서로를 알고 지내는 공동체에서 서로를 알지 못하는 공동체로의 전환을 암시한다. 거의 모든 사람과 대면하며 살았던 시골 마을이나 소도시에서 대도시로 넘어온 사람들에게는 익명성을 지켜주는 이런 식의 거리 예절이 엄청난 변화였을 것이다.

이웃과 권력의 감시를 피할 수 있는 도시의 매력은 특히 윗사람에게서 감시의 눈초리를 받는 사람들에게는 상당한 것이었다. 이처럼 런던이 대도시로 점점 성장하게 되자 익명성이라는 대도시의 장점과 정반대의 성격을 띠는 것이 전원생활이라고 생각하는 사람들이 늘어났다. 18세기에 발간된 영국의 대중 잡지 《스펙테이터》에 실린 글에서 조셉 애디슨Joseph Addison은 전원생활의 후기를 다음과 같이 전하며 두 생활방식의 차이를 다음과 같이 적었다.

동네 사람들 모두가 내 이름과 성격을 알고 싶어서 꼬치꼬치 캐묻기 시작했으니, 이제 정말로 이 고장을 떠날 때가 온 것 같다. 나는 고독과 과묵함을 사랑하고 별난 삶의 방식을 좋아하기 때문에 이 고장에 커다란 호기심을 품고 있었는데… 그래서 나는, 이런 표현을 써도 되는지 모르겠지만, 혼자가 되기 위해 최대한 빨리 도시로 돌아가 군중 속에 다시 파묻혀야겠다.

시골에서는 몸과 마음이 혼자가 된다는 것이 불가능하다고 여긴 조셉 애디슨은 시골 사회를 제대로 이해하지 못했던 것 같다. 시골에서도 혼자만의 시간을 가질 기회가 얼마든지 있다. 정원과 들판은 은둔하기에 좋은 장소였기 때문이다. 게다가 런던처럼 큰 도시의 거리에서는 길을 가다가 말을 걸거나 얼굴을 알아보는 일도 종종 일어난다.

그러나 안내서에서도 말하듯이 군중이 존재하는 한 물리적이든 심리적이든 완전한 고립은 불가능했다. 안내서는 다만 사람을 파악하는 정도의 정보는 알 수 있다고 제안한다. 대도시에서 상대를 전혀 모르는 상태에서 길을 같이 걷거나 어떤 장소에 같이 들어가는 것은 있을 법한 일도 아니고 안전한 일도 아니었다. 도시에 처음 온 사람들은 누군가와 친해지기 위한 중간 단계로서 그 사람이 어떤 유형인지를 파악하라는 충고를 들었다.

예컨대 〈런던 엿보기〉는 선술집에서 만난 어떤 사람을 다음과 같이 묘사했다.

> 도금 단추가 달린 양복을 입고 흰색 모피 모자를 쓰고 그와 마주앉아 있는 사람은 두 종류의 악당이 합쳐진 일종의 불량배다. 절반은 소도시의 깡패고 나머지 절반은 사기꾼이다.

익명성이라는 비유적 표현의 문제는 거리를 도시와 동일하게 취급한다는 것이다. 거리는 도시의 근대성을 뚜렷이 보여주는 공간이긴 했지만 어쨌거나 도시의 한 부분일 뿐이다. 대부분의 도시 거주자들은 하루 중 일부를 거리에서 보낼 뿐이고 집을 나서서 일터로 갔다가 다시 집으로 돌아오는 비중이 더 크다.

거의 모든 도시 거주자에게는 머물 곳이 있었다. 이민자들은 원래 알던 사람이나 친척의 집으로 가곤 했다. 독신인 남성 또는 여성은 세를 들어 살거나 숙식이 제공되는 일자리를 구했다. 그들은 새로 생긴 인도로 걸어 다녔지만 그 위에서 잠을 자는 일은 없다. 아무리 작고 초라한 방이라도 일단 방에 들어가면 타인의 출입을 거부할 권리가 있었다. 세입자의 사적 공간을 지켜주는 기준은 소유권이 아닌 점유권이었다. 집세를 받으러 온 집주인이라 해도 문지방을 넘으려면 세입자의 허락을 받아야 했다.

런던의 성장과 함께 런던 주민들의 법적 권리도 확대되었다. 1604년에는 '모든 사람의 집은 그의 성이다'라는 판결이 내려졌고 역사학자 아만다 비커리 Amanda Vickery의 표현에 따르면 1700년에는 그런 권리가 이미 영국 관습법의 평범한 구절이 되었다. 절도와 무단침입은 중범죄였고 낯선 사람의 현관 출입과 숙박객의 내실 출입을 막기 위해 자물쇠가 널리 사용되었다.

이후 1770년에 왕실의 세금 징수인이 미납 세금을 추징하기 위해 사유지에 무단침입했다는 이유로 고액의 벌금을 물기도 했다. 대법관은 "이것은 한 남자의 집에 불법적으로 들어가서 그의 아내와 가족의 고요와 평화를 침해한 행위였다"라고 말했다. 이웃 간의 감시를 규율하는 오래된 법규는 1709년에 나온 '사생활은 귀중하므로… 창을 통해 남의 마당을 들여다볼 수 있다면… 그 창문은 개조할 수 없다'는 판결로 더 강화되었다.

이러한 개인의 권리는 도시 사회가 점점 적극적으로 왕실 권력에 도전하고 사람과 건물이 계속 늘어나서 더 확실한 규제가 필요해짐에 따라 재천명되고 확대되었다. 원칙적으로 이러한 권리들은 도시와 시골에 동일하게 적용되었지만 시골 영주가 소작인들을 대할 때는 그렇지 못했다. 개인과 개인의 내밀한 삶에 관한 인식 변화는 규모가 작고 밀도가 낮은 시골 마을보다 도시와 소도시에서 더 빠르게 일어났다.

런던에는 인구가 늘면서 새롭게 형성된 동네가 많았다. 영국의 역사학자 데이비드 개리오크David Garrioch의 주장에 따르면 18세기에 유럽 제2의 도시였던 파리는 낯선 사람들이 아닌 서로를 잘 아는 사람들로 이루어진 복잡한 공동체와 같았다. 모든 사람이 동네 주민들의 관계망에 속해 있었던 것이다.

거리에서 가까이 얼굴을 마주하는 일을 피하게 된 것과 마찬가지로, 시선과 대화가 줄어들자 스치는 상대를 파악하는 일도 줄어들기 시작했다. 급하고 빠르게 지나치는 사람들의 옷차림이나 겉모습을 보고 성향을 알게 되기란 어려운 법이었다.

역사학자 로버트 슈메이커Robert Shoemaker는 17세기 후반과 18세기에 걸쳐 명예훼손이라는 범죄 혐의가 줄어든 과정을 추적했다. 다양한 영역에서 평판은 여전히 중요했지만 단지 사람들이 하는 말에 평판이 좌우되는 정도는 약해졌다. 공식적이지 않은 말로 피해를 입는 경우가 줄어들기 시작했다는 의미다. 권력의 주요한 속성이었던 여자들의 뒷담화도 별 영향을 끼치지 못하게 됐다. 도리어 뒷담화를 나누는 여성은 경솔하게 이것저것 캐물어서 자신의 평판을 손상시키는 사람으로 인식되었다.

집 밖에서의 대면 소통이 줄어들면서 자연스럽게 제도적 장치들도 힘을 잃었다. 18세기에는 교회 법정에서 다루는 사건의 범위가 교회 규칙과 직접적으로 연관되는 문제로 축소되었다. 교회 법정을 대신하기 위해 다른 새로운 기구 또는 법적 조직이 만들어지지는 않았고 대신 사회적 훈육의 주체로서 가정에 대한 의존도가 높아졌다.

결혼 이후 개인의 사생활

가정은 오랫동안 국가의 공동체적, 정치적 질서를 유지하는 핵심으로 여겨졌지만, 17세기 영국 내전 중에는 가정에만 그 책임을 맡길 수가 없었다. 가정의 사적인 성격 자체가 비행을 조장하거나 은폐함으로써 집단의 안녕을 위협할 가능성이 있었기 때문이다. 이후 가정은 건전한 도덕을 실천하는 개체로 점차 인식되기 시작했다.

1701년 영국의 유물 수집가 리처드 고프Richard Gough는 슈롭셔의 미들이라는 마을에서 집단 인물분석 작업에 착수했다. 그의 프로젝트는 마을 공동체가 비교적 안정되어 있었기에 가능했다. 주민의 대다수는 매주 일요일 성공회 예배에 참석했기에, 광신적 사상에 빠져 교회에 나오지 않는 특이한 사람을 제외하고는, 신도들의 좌석을 순차적으로 돌면서 그들의 가족사를 짧게 기록하는 간단한 방법으로 지역사회를 파악하는 식이었다. 가끔씩 사람들이 런던으로 이주하는 바람에 인구 변동이 있긴 했지만 주민 대부분이 서로서로 알고 지내는 공동체였다.

가족의 역사를 기록한 고프는 개개인의 인적 사항과 행동 유형을 결합하는 식으로 분석을 했다. 특히 고프는 가족 간의 선한 행동을 묘사하는 데 관심이 많았다. 미들 마을의 한 농부에 대한 묘사에는 18세기 초 사회에서 칭찬받았을 법한 요소가 모두 담겨 있다.

윌리엄 왓킨스라는 사람은 현재(1701년) 이 농장의 주인이며, 그의 할아버지와 아버지에 못지않게 훌륭한 축산업 기술과 성의와 근면성을 주신 것에 대해 하나님께 감사하고 있다. 그의 처지는 아버지나 할아버지보다 못하지 않다. 또한 그와 같은 남편에게 잘 맞는 신중하고 슬기롭고 신중한 아내가 있어 그는 행복하다. 그들은 서로를 지극히 사랑하고 이웃을 사랑하고 이웃으로부터 큰 사랑을 받으며 둘 다 하나님을 사랑하고 행복하게 살아서 하나님께 기쁨을 드리고 부부간 사랑의 증거로서 예쁘고 똑똑한 아이를 많이 얻었으니 그 또한 축복이다.

이 농부에 관한 설명은 처음부터 끝까지 사랑을 강조한다. 서로 사랑하는 부부는 이웃들에게서도 호의와 선의를 이끌어냈다. 고프는 다른 마을 주민에 대해서도 "그의 아내는 착하고 신중한 여성이었으며 둘 다 온화하고 서로를 사랑했다"라고 썼다.

이렇듯 부부의 사이가 좋으면 주변의 다른 가정들과 멀어지기보다 오히려 가까워지는 것이 당연시되었다. 한 가정과 다른 가정 사이에는 다양한 정서적, 실제적 교류가 있었다. 윌리엄 왓킨스가 농부로서의 일을 해내려면 목축 기술만이 아니라 농번기 마을에서 상품과 서비스와 돈을 잘 빌리고 빌려주는 능력도 필요했다. 또한 그가 무엇이든 잘 빌릴 수 있으려면 시간과 돈을 선술집에서 써버리지 않고 가족과 농장에 투자하는 성실하고 가정적인 남자라는 평판이 필요했다.

그의 가정에 질병 등 예기치 못한 사고가 생겼을 때 유일하게 활용 가능한 자원은 이웃들의 정서적, 물질적 지원이었다. 그런 의미에서 금실 좋은 부부일수록 그들이 속한 사회적 네트워크에 더 적극적으로 참여했다. 부부간의 화목함은 이웃의 도움을 차단하는 게 아니라 오히려 불러들였다. 따라서 가족 내에 불화가 있거나 나쁜 일이 있을 때면 가족 구성원들은 소문이 나지 않도록 조심했다. 역사학자 린다 폴락Linda Pollock이 지적했듯이, 그 시대 부유하고 힘 있는 가족들은 부부간의 크고 작은 불화를 비밀에 부치는 데 많은 노력을 기울였다.

리처드 고프는 가족 안과 밖에서 관계를 발전시키는 메커니즘을 정확하게 파악하고 있었다. 그것은 사적 정보를 발설하지 않을 수 있느냐의 문제였다. 성공적인 결혼생활을 평가하는 핵심 기준은 신중함이었다. 고프는 신중함이라는 기준으로 부부가 상호작용하는 방식을 평가했으며 특히 아내의 자제력에 중점을 두었다. 또한 그 가정이 이웃과의 거래를 어떻게 관리했는지도 언급했다. 고프가 미들 마을에서 작성한 장부에는 공격적이고 말을 험하게 하는 사람들의 이름이 올라갔다. 대니얼 위철리라는 사람에 대해서는 '바짝 야윈 사람으로, 성미가 급하고 화를 잘 낼 것 같은 인상이었는데 실제 행동도 그랬다. 항상 이웃과 다툼을 벌이는 데다 큰 빚까지 지고 있었기 때문이다'라고 묘사했다.

특히 말다툼으로 시작된 분쟁을 법정으로 가져가는 경우는 주위에서 크게 비난받았다. 전통적으로 영국 사회에서는 그런 일을 좋게 보지 않았다. 고프가 교회 신도석에서 수집한 정보를 가지고 작성한 글에는 바르톨로뮤 피어스라는 사람이 나오는데 이렇게 묘사되어 있다.

직업은 재단사였다. 이웃에게 성질을 잘 내고 말썽을 많이 일으키고 툭하면 소송을 거는 사람이었다.

그의 아내도 똑같이 성미가 고약했다.

소송은 공동체 내의 분쟁을 해결하기 위해 흔히 사용되는 방법이었고 사회적 계층과 상관없이 법정의 문턱은 낮았으나 오히려 그것이 이웃 관계에는 해로운 영향을 끼쳤다. 미들과 가까운 스태퍼드셔 지역의 어떤 주민은 '아무한테나 싸움을 걸고 늘 선술집을 어슬렁거리는 주정뱅이인데다 갖가지 소란과 소송에 빠지는 법이 없었고… 그가 일으키는 사건은 노턴과 리틀 와이얼리 교구의 이웃들에게 가장 큰 골칫거리로서 수많은 사람에게 피해를 입혔다'고 기록되기도 했다. 이에 따라 법정 소송의 비용을 아끼고 여러 가지 피해를 줄이기 위해 이웃 간의 갈등을 해결하는 다양한 방법이 시도되었다. 가장 좋은 방법은 물론 분노를 억누르고 불만이 집 밖으로 나가지 않게 하는 것이었다.

가정 내부에서 정보가 새어나가지 않도록 관리하기 위해서는 끊임없는 노력을 기울여야 했다. 다시 말해 대화에 관한 대화에 많은 시간이 들어갔다. 1715년 11월 11일, 런던의 젊은 변호사 더들리 라이더Dudley Ryder는 어머니와 여동생과 함께 참석한 비공식 파티에 관한 기록을 다음과 같이 남겼다.

대화는 죄다 이웃들의 태도와 행동, 생활방식, 옷과 야회복 따위에 관한 내용이었다. 그러면서도 그들은 남들이 가족의 비밀을 캐묻고 험담을 한다고 비난하고 있었다.

이제 막 변호사가 된 라이더의 주된 관심사는 은밀하고 사적인 영역을 함께 구축할 아내를 얻는 것이었다. 그는 말주변이 없는 편이었으므로 여자들에게 말 거는 연습을 하기 위해 매춘부를 고용했다. 그는 창피를 느끼면서도 자신의 목표를 명확히 인식하고 있었다.

평생 독신으로 산다고 생각하면 마음이 편해질 거라고 나 자신을 설득할 수 있다면 좋겠지만, 나는 결혼에 강하게 이끌린다. 침대에서 여자와 즐기려는 욕구나 욕망 때문이 아니라 결혼한 상태가 더 낫다는 자연스러운 생각 또는 선입관 때문이다. 결혼은 매력적이고 감동적이다. 어여쁜 누군가가 나를 걱정해주고, 가장 가까운 친구가 되어주고, 항상 함께 있으면서 언제든지 나를 위로하고 돌봐줄 준비가 되어 있다는 생각만으로도 나는 황홀해진다.

말이 필요 없는 친밀한 사람을 찾는 일은 자신에 대한 투명성과 비밀 사이에서 고통스러운 긴장을 드러내는 모험이었다. 한편으로 구애는 당연히 양쪽 집안과 동네 전체의 관심사였다. 구애는 재산이 이동한다는 뜻이기도 하므로 동네에 새로운 구성원이 생기는 문제에 동네 사람들 모두가 이해관계에 놓이기도 했다. 때문에 지나치게 비밀스러운 연애는 불신의 대상이 되었고 경험이 부족한 연인이 책임감 있는 어른들의 감독을 받지 않으면 돌이킬 수 없는 결정을 할지도 모른다고 간주되었다.

그래도 자녀가 없는 자리에서 양가 부모가 결혼을 공식적으로 주선하는 일은 없었다. 두 연인은 자신들의 의지와 애정에 따라 결혼할 권리를 인정받았지만 동시에 여러 가지 물질적인 사항을 고려해서 타협해야 할 것도 많았다. 그래서 두 사람은 서로에 관해 어느 정도 알아볼 기회가 필요했다.

부부가 가정을 꾸리고 나면 결혼생활의 프라이버시를 가사도우미 등의 고용인으로부터 지키기 위해 많은 노력을 했다. 근대 초기 유럽에서 전체 아동의 40%가 일정 기간 이상 하인으로 일했다는 계산이 있다. 10대 중반의 나이에 다른 집에 고용된 아이들의 입장에서 본다면 그들 자신의 프라이버시에는 유리한 면도 있고 불리한 면도 있었다. 그들은 생전 처음 가족과 떨어져 자기만의 방을 가졌다. 물론 방은 좁고 비좁고 가구도 별로 없고 다른 하인과 같이 써야 했지만 그것만으로도 충분했다.

그러나 그들은 주인 부부에게 감시를 당했다. 당시에는 주인이 하인의 말과 행동을 감시하는 것이 합법이었다. 다른 하인과 감정적으로 친밀한 관계를 맺어서도 안 되고 맺으려고 해서도 안 되었다. 집 밖에서 고용주의 사생활에 관한 잡담을 늘어놓다가 발각되면 즉시 해고당했다.

결혼 전 둘만의 프라이버시를 위해 애썼던 부부는 결혼 후에 한집에서 더 지키기 어려워진 프라이버시의 위기와 맞닥뜨렸다. 주인과 하인이 각자의 사생활을 지킬 수 있을 정도로 넓은 집은 거의 없었다. 하인들은 필요한 물품을 구입하기 위해 자주 외출했고 가족의 여행에 동행하기도 했다. 그렇게 밖에서 볼일을 보다가 다른 집 하인이나 상인과 마주치는 일도 잦았는데 그들이 나누는 대화를 항상 감시하기란 불가능했다.

가족이 하나의 단위로 기능하는 동안에는 보안을 위해 노력할 수 있었지만, 가족이 해체되고 법적인 문제가 생기면 하인들의 증언과 정보에 치명적인 힘이 실렸다. 하인들은 일터를 자주 옮겨 다녔기 때문에 어려움은 더 커졌다. 이직을 해서 자기가 가진 정보를 이웃집으로 가져가면 통제가 불가능했다.

문제는 주인과 하인이 각자 생각하는 친밀한 관계의 기준이 서로 다르다는 것이었다. 18세기 가정의 비밀 관리가 논쟁의 대상이 된 이유는 주인과 하인 간의 계약상 비밀을 말하면 안 되는 것과 정서적으로 비밀을 지켜주는 것 사이의 간극에 있다. 해고는 실질적인 위협이자 최후의 수단이었다. 해고를 들먹이며 입단속을 시키지 않고도 가정 내 비밀을 이야기하면 안 된다는 자연스러운 분위기를 조성하려면 가장이 모든 가족 구성원에게 모범을 보이고 서로를 어떻게 대해야 하는지 가르쳐야 했다.

그런 관점에서 프라이버시를 지키기 위해 각종 제재가 유의미하다는 기대는 점점 약해지고 있었다. 윗사람의 눈과 귀에서 벗어나 있을 때도 하인들이 말을 옮기지 않는 신뢰 관계가 필요했다. 그러나 성장하는 개인 서비스 업종에서 그런 신뢰를 기대하기란 점점 어려워졌다. 게다가 어떻게 보면 공동체 내에서 민감한 정보를 폭넓게 교환하는 것이 더 실용적일 때도 있었다. 스코틀랜드에서 하인으로 일했던 존 맥도널드John Macdonald는 고용주를 자주 바꿨는데, 어떤 가정에서는 그를 두고 전문적 역량과 경청하는 능력을 겸비했다고 칭찬하기도 했다. 스코틀랜드 최고의 요리사 중 하나인 테다 응접실의 잡담도 속속들이 알고 있다는 것이 이유였다. 그는 그때그때 동료나 집 밖의 다른 사람이 솔깃할 만한 정보를 차곡차곡 쌓아두고 있었다.

가정에 대한 지역 공동체의 공식적 또는 비공식적 개입이 점차 약해지고 있었다. 부부의 사적인 영역에 더 많은 가치가 부여되고 집 밖에서 함께 어울리는 사람들과의 대화는 덜 중요하게 여겨졌다. 역설적이게도 18세기 런던은 서로 비밀을 지켜주는 친밀한 관계나 남의 말을 아무렇게나 옮기는 익명성 중 한쪽으로 치우치는 극단적 상황을 피할 수 있는 곳이었다. 런던의 번화한 거리로 나올 때 사람들은 각종 감시에서 벗어났다. 안내서의 도움을 받든 안 받든 시간과 경험이 쌓이면 거리를 지나는 사람들을 비스듬히 쳐다보는 것에서부터 다양한 사람과 가볍게 어울리는 것, 바로 옆집에 사는 이웃과의 관계 그리고 집 문턱 너머의 비밀스러운 공간에 이르기까지 사적 접촉의 단계를 조절하는 요령을 익히게 되었다.

혼자 있는 시간과 읽는 행위

도시의 사적 생활과 공적 생활 사이의 경계를 설정하기 위한 안내서가 발간되며 인쇄물 시장이 성장하고 사람들의 문해력도 높아지기 시작했다. 근대 초기의 도시는 시골보다 문맹률이 낮았으며 국가와 지역의 출판 중심지였다. 18기 초 북유럽과 서유럽의 선진국들에서는 남성의 50% 이상이 문해력을 갖추고 있었다. 가난한 노동자 중에서도 교회나 사립 주간학교에서 잠깐 배웠거나, 교육을 받은 가족 또는 친구에게서 배워서 문자 해독이 가능한 사람들이 드문드문 있었다.

여성에게도 책과 독서는 더 이상 소수 엘리트의 전유물이 아니었고 중산층과 상류층 여성은 당연히 책을 읽으리라는 기대가 있었다. 가장 뚜렷한 변화는 가정생활의 질이 향상된 것이었다. 소도시 가정의 실내 공간은 휴식과 지적 탐험의 장소였다. 물리적으로 안락해지고 인쇄물을 구하기도 쉬워지면서 사람들은 집 밖의 군중과 떨어져 현관문 안쪽 세상에서 사적인 활동에 더 많은 시간과 관심을 투입했다. 골방이나 서재를 만들고 꾸밀 여유가 있는 소수 특권층은 인쇄물을 통해 집 안에서 높은 수준의 은둔을 즐겼다. 따로 방을 가질 만큼 부유하지 않았지만 은둔을 간절히 원했던 사람들은 소란스럽고 북적이는 실내공간에서 자신을 분리시키려 했고 그러자면 집중을 유지하려는 노력과 인내 그리고 대화 요청을 적당한 선에서 끊으려는 의지가 필요했다.

그러나 인쇄물을 읽는 행위로 혼자 있는 시간만 늘어난 것은 아니었다. 오히려 사교성이 북돋워졌는데 문학 작품이 인기를 끌면서 사람들은 책을 고르고 또 사기 위해 밖으로 자주 나갔다. 이렇듯 책을 읽는 데 드는 비용이 사람들의 예산을 계속 초과하자 18세기에는 책을 빌려주는 도서관이 늘어났다. 1년에 1기니를 받는 도서관이 있는가 하면 커피숍, 성당, 학교 및 각종 협회와 연계된 책방도 있었다. 거리로 나가면 서점에서 새 책을 구입할 수도 있고 시장 가판대에서 중고책을 구입할 수도 있었다.

중고책은 행상인들의 네트워크를 통해 도시에서 시골로 유통되었고 마을 사람들은 책장이 다 닳을 때까지 책을 돌려봤다. 중고책 거래의 규모를 보면 독서 인구가 얼마나 많았는지를 알 수 있다. 런던의 중견 출판인이었던 토머스 티아스Thomas Tias는 1664년 사망 당시 보유하고 있던 재고가 9만 부에 달했다. 이는 영국 전체의 15가구마다 한 부씩 공급할 수 있는 양이었다.

가정 내에서도 인쇄물로 사회적 교류를 확대했다. 친구와 친척들은 책을 서로 교환했고 재미를 위해 또는 바느질 같은 노동을 할 때 지루함을 덜기 위해 누군가 한 명이 책을 소리 내서 읽어주기도 했다. 19세기 후반까지 문해 교육은 교실에서 음절과 단어를 끝없이 암송하는 방식으로 이뤄졌는데, 때문에 조용히 글을 읽는다는 것은 다소 예외적인 경험에 속했다.

그렇다고 인쇄술이 여러 제약으로부터 작가라는 개인의 지성을 해방시켰다는 주장에는 유의해야 한다. 사회학자 존 브루어John Brewer는 다음과 같이 주장했다. "인쇄된 언어에 제약이 사라진 것이 아니다. 다만 제약이 변화되었을 뿐이다. 멀리 떨어진 독자의 시선 역시 호기심 많은 이웃의 시선이나 주위의 성직자와 교인들의 날카로운 눈과 똑같은 제약을 가한다."

눈에 보이지 않는 독자를 신경 쓴다는 것은 작가 입장에서 독립적으로 내린 판단을 다시 생각해보는 일이었다. 인쇄물의 소비자들은 다른 종류의 청중이 되었다. 독자의 경험은 작가가 구상한 독자층에 따라 그리고 출간되기 전 작가의 글을 꼼꼼하게 읽은 사람들의 반응에 따라 정해졌다.

집안에서 흔히 볼 수 있었던 인쇄물은 종교 서적과 설교문이었다. 신앙생활에서 문자의 역할에 중대한 변화가 일어난 계기는 인쇄술의 발명이나 루터의 종교개혁이 아니라 경건주의Pietism의 부상이다. 특히 개신교에서는 설교를 듣고 토론하는 것에서 성경과 기도서뿐 아니라 각종 해설서, 설교문과 기도문, 기독교 생활 지침서 등을 읽는 것으로 신앙생활의 중심이 옮겨갔다. 개신교의 세계에서 글을 가진 신자는 더 자립적인 존재가 되었다.

종교적 경험을 전달하는 방식이 변화하자 개인 기도 역시 여러 면에서 영향을 받았다. 개인적인 종교 의식에 도움이 되는 다양한 인쇄물이 시장에 나온 것이다. 성직자이자 신학자인 랜슬롯 앤드류스Lancelot Andrews가 만든 손바닥 크기의 《개인 기도와 명상 지침서》같은 책들은 계절과 시간에 각각 적합한 기도문을 제공했다. 성직자이자 작가였던 토머스 브룩스Thomas Brooks의 《천국의 비밀 열쇠》와 같은 책들은 집에서 정기적으로 혼자 있는 시간을 신학적으로 정당화시켜주면서 이를 실천하는 실용적인 조언도 해주었다. 《천국의 비밀 열쇠》에 따르면 읽기와 쓰기는 개인 신앙 활동에 필수적인 요소였다. 주교였던 에드워드 웨튼홀Edward Wettenhall은 《작은 방에 들어가라 : 개인 기도의 방법과 순서》에서 기도방을 꾸미는 지침을 제시했다. 우선 너무 편안하지 않은 책상과 소파가 하나씩 있어야 하고 여기에 성경과 대중 기도서와 종이책 두 권, 펜과 잉크를 가져다 놓아야 했다. 기도방에서 자신의 영혼을 점검한 과정을 기록으로 남겼는데 이는 신과의 지속적인 대화를 위해서 반드시 필요했다.

지침서 작가들은 자신들이 소수 특권층을 대상으로 조언한다는 사실을 알고 있었다. 브룩스는 '그러므로 재산과 여가가 있고, 따라서 적절한 사생활을 누릴 수도 있는 사람들에게 말하자면…'이라고 직접적으로 언급하기도 했다. 하지만 하인들에게도 혼자 있는 시간을 가지라고 권장할 수 있었다. 비록 잠자리에 들 때와 아침에 일어날 때 무릎을 꿇고 기도하는 것이 전부였지만. 어떤 측면에서 이것은 가장 개인주의적이고 비사회적인 프라이버시였다.

기도 지침서의 초점은 고독한 참회자가 현세와 내세에서 하나님의 축복을 얻기 위해 자신의 양심과 씨름하는 데 맞춰져 있었다. 개인 기도가 성공적으로 수행될 경우 구원을 향해 홀로 걸어가야 했으므로, 구원을 향한 여정을 위해서는 집안에서 벌어지는 일들로부터 육체적, 정신적으로 분리되어야 했다. 전능하신 신에게 마음을 열기 위해서는 홀로 명상하는 사람과 주변 사람들 모두 일정 수준 이상의 침묵을 지켜야 했다. 브룩스는 기도할 때 문 두 개를 닫고 골방문과 입술도 모두 닫으라고 가르쳤다. 북유럽과 서유럽의 식자층 사회에서 예의 바른 대화란 절제된 언어로 소통하는 것이라는 인식이 점점 널리 퍼졌다.

그렇다고 이런 방식으로 프라이버시를 지키는 사람들이 스스로를 고립된 존재나 소통하지 않는 존재로 여기는 건 아니었다. 그들이 추구한 은둔은 배우자와 맺는 친밀한 관계나 소통 방식과 유사했다. 신뢰와 투명성은 안전한 대화의 전제조건인 동시에 결과였다. 브룩스는 진실한 신자는 그리스도의 배우자와 같기 때문에, 보통의 부부처럼 내밀한 생각과 감정을 나눌 장소를 찾는 어려움에 직면한다고 설명했다.

인쇄된 종이책은 17세기에 그 수가 점점 더 많아졌다. 《교회의 일상 직분에 관한 에세이》에 수록된 '공동 기도와 개인 기도 도움말'은 다양한 형식의 영적 성찰에 도움을 주었다. 신앙 지침서는 더 넓은 청중을 대상으로 쓰이게 되면서 그 영향력도 서서히 확대되었다. 고군분투하는 신자의 상태와 행동 그리고 마음이 성스러운 목표에 확고히 닿아 있는지 관찰하여 작성한 일기와 노트가 대단히 중요한 서사로 해석되었다.

죄와 회개를 시간순으로 나열한 체계적인 기록은 신흥 교파의 정체성 형성에 도움을 주었다. 출판은 참회자와 하나님 사이의 말 없는 대화에 목소리를 부여하는 수단이었다. 또 출판은 개인을 신자들의 네트워크와 연결함으로써 은둔의 과정을 찬양하는 동시에 그 과정을 뒤집기도 했다. 예컨대 초기 퀘이커 교도들은 전국적인 조직 체계를 만드는 것을 일부러 하지 않고, 대신 여기저기 흩어져 있는 신도들이 쓴 글을 널리 배포했다.

이러한 속칭 '영적 자서전'은 19세기까지 그 형태와 기능을 유지했다. 영적 자서전의 주체는 조건부 저자에 불과했다. 신은 이미 알고 계시지만 정작 본인은 아직 모르는 자기 자신을 알기 위해 고군분투하기 때문이었다. 어찌 되었든 영적 자서전은 오직 신앙으로 점철되었던 개인이 점차 세속적으로 변하고 있다는 시대의 흐름을 다음 두 가지를 통해 보여주었다.

첫째, 영적 자서전은 성격에 시간이 녹아든다고 단언했다. 사적인 연대기인 영적 자서전은 인생 전체의 성장 과정을 보여주면서 개인의 서사가 그 시대의 집단적 역사와 새로운 방식으로 교차하는 것을 드러냈다. 둘째, 영적 자서전은 내면을 향한 지혜와 외부를 향한 지혜가 상호작용을 한다고 가정했다. 1705년 상인 토머스 트라이언Thomas Tryon도 '인간이 자신을 안다는 것은 다른 모든 사물을 알기 위한 열쇠'라고 썼다.

자신에 관한 지식이 없이는 사물에 관한 지식을 얻을 수 없었다. 배움은 자기성찰로 시작해서 자기성찰로 끝났다. 이 원칙에 따르면 18세기에 자서전과 전기를 쓰던 작가들에게 집안의 내밀한 관계를 다루는 것은 당연한 임무였다. 공개석상의 행동만으로는 성격을 파악할 수 없었다. 거리의 행인들과 마찬가지로 공개적인 대화는 지나치게 짧고 지엽적이어서 그 사람의 꿈과 성공의 원천을 알려주지 못했다. 사생활의 경계를 적절하게 정하고 사생활을 지킬 권리를 존중하는 동시에 사생활에 담긴 진실을 드러내는 것이 작가들의 과제였다.

1791년 제임스 래킹턴James Lackington의 회고록《제임스 래킹턴의 생애 첫 45년》의 출간은 하나의 전환점이었다. 그 책에는 그가 웨슬리파 감리교로 개종한 사연이 생생하게 담겨 있다. 그리고 그가 방황의 시기를 거쳐 참된 길을 발견하는 과정은 영적 자서전과 비슷한 형식을 취했다. 그러나 래킹턴의 여정은 하나님에게 닿은 이야기가 아니라 사업에 성공해서 런던의 유명한 서적 판매상이 된 이야기였다.

가난한 집에서 태어나 주정뱅이였던 제화공 아버지 그리고 열한 명의 아이를 어렵게 키우는 어머니와 살았던 래킹턴의 이야기는 역경을 딛고 일어난 성공 스토리의 시초

와도 같았다. 그는 혼자 힘으로 열심히 노력했다고 자랑하면서도 특정한 청중의 요구에 따라 자신의 인생사를 썼다고 주장했다. 그의 인생사는 그의 자질에 관한 대중적인 논란에 대한 응답이기도 했다. 그는 서문에서 이렇게 밝혔다.

> 많은 친구들이 내가 살아온 과정이라든가 나의 수많은 적들에 관해 구체적인 정보를 얻어 그들에게 유리하게 이용하고 싶어 했고… 그들은 내가 잘되는 것을 막는 것이라면 뭐든지 부지런히 전파했다.

래킹턴은 공적인 의미를 지닌 개인사와 사생활에 해당하는 내밀한 개인사의 균형을 잡으려 했는데, 그의 사생활에는 젊은 시절 여러 번 친자확인 소송을 당한 것이 포함된다. 그가 자서전을 쓴 주된 목적은 교훈을 남기기 위해서였다. 그는 자서전에서 '나의 회고가 다른 면에서는 사회에 도움을 주지 못하더라도 최소한 부지런하게 생활하는 습관이 어떤 결과를 낳을 수 있는지를 보여주긴 할 것이다'라고 썼다. 독자들은 진실만을 엄격하게 고수하겠다는 그의 약속에 위로를 받았으며 한편으로는 독자들 자신이 그 약속을 보증했다. 래킹턴의 서사는 보잘것없는 집에 태어나 유명인이 된 사람에 관한 검증된 사실들을 보여주고 있었다. 이런 의미에서 자서전이란 하나의 인생을 재창조하는 동시에 다시 상기시키는 저작이었고 자서전의 진실성은 독자들이 보증했다.

래킹턴은 서적 판매업으로 큰돈을 벌었는데 이러한 서적 판매업의 호황은 대면 접촉이 아닌 문자의 유통을 통해 연결되는 공동체를 확대시켰다. 그러나 이 시기에 일어난 또 하나의 중요한 변화는 손으로 쓰는 글쓰기, 즉 서신의 유통과 관련된 것이었다.

편지가 가져온 사적인 소통의 혁명

1660년에 찰스 2세가 다시 왕위에 오르고 그해 연말에 우체국법이 통과되었다. 모든 지역으로 우편을 배달할 수 있는 상설 우체국을 세운다는 것이 법 제정의 주요 내용이었다. 효율적인 관리 시스템이 만들어졌고 요금은 80마일(약 129킬로미터)까지는 편지 한 장에 2펜스, 80마일이 넘어가면 3펜스, 스코틀랜드까지 가면 4펜스로 책정되었다. 20년 후에는 런던의 인구 증가에 따라 우편물 수요가 급증하자 '페니 포스트Penny Post'(1페니의 균일한 요금으로 편지와 소포를 배달하는 우편 서비스 - 옮긴이)가 도입되어, 런던 시내의 회사와 커피하우스로 하루에 많게는 십여 번 우편물이 배달되었다. 페니 포스트는 세계 최초로 고안된, 저렴하고 효율적인 통신 시스템이었다.

혼잡한 거리에서 대화를 나누기는 점점 어려워졌지만 비대면으로 소식과 정보를 교환하기는 점점 쉬워졌다. 1720년부터는 크로스 포스트cross post가 도입되어 모든 편지가 런던을 통과할 필요가 없어지면서 전국적으로 네트워크가 만들어졌고 1784년에는 고속 우편마차가 도입되어 속도도 더 빨라졌다. 국가는 우편 시스템의 독점 체제를 유지하려고 노력했지만, 1711년에 우편 요금이 인상되자 친구, 친척, 지인 등을 통해 우표를 붙이지 않은 우편물을 비공식적으로 배달하는 다양한 방법이 확산되기도 했다.

17세기 중반부터 시민의 생활에서 서신의 역할이 점점 중요해졌다. 우편 서비스 인프라를 갖춘 국가의 기능이 늘어나기도 했고, 상업의 발달로 사람과 정보가 몇 배로 늘어났기 때문이기도 했고, 읽고 쓰는 능력이 널리 보급된 덕분이기도 했다. 18세기 빈민법 연구에 따르면 비상시에는 극빈층도 읽고 쓰기를 적극적으로 활용했다. 극빈자들도 감독관과 협상하기 위해 재빨리 글쓰기 기술을 배우거나 빌려왔던 까닭이다.

사람들은 이제 문장 구조를 활용하고 의미 있는 문장을 쓰고 철자와 문장부호를 이해 가능한 수준으로 정확하게 사용할 줄 알았으며, 펜과 잉크, 종이와 인장을 적절한 곳에 사용했고 우체국의 절차와 시간표를 활용하게 되었다. 그 결과 가상 프라이버시의 영역이 상당히 넓어졌고 장거리 서신 교환은 흔한 일이 되었다. 남자들은 사업을 위해 또는 직장을 구하기 위해, 학교나 대학에서, 군 복무 중에, 아니면 그저 여행 중에 멀리 떨어진 가족과 소통하기 위해 편지를 썼다. 여자들도 점점 편지를 많이 썼다. 런던에 사는 사람은 런던을 방문하려는 친척에게 런던 지리와 시설에 관한 정보를 편지로 시중에 출판된 안내서보다 훌륭하게 알려주곤 했다.

서신의 양이 늘어나고 남이 편지를 대신 써주는 일이 줄어들면서 편지를 쓴다는 행위는 더욱 개인적인 것이 되었고, 그러자 사적인 정보를 개인이 통제한다는 의식이 확대되었다. 서신을 교환하는 사람들은 자신의 생각과 감정을 종이 위에 표현하고 서신 교환을 통해 자기만의 관계를 유지했다. 사람들은 편지에 대한 소유권을 주장했고 편지를 쓸 때는 최대한 은밀하게 했다. 따라서 편지는 수취인만이 열어 읽을 수 있다는 인식도 늘어났다. 18세기를 거치며 정확한 주소를 통해 수취인이 더 구체적으로 지정되기 시작했다. 1767년 런던에서는 배달을 용이하게 하기 위해 주택가에 번지 체계가 도입되었다.

한편으로 서신 교환은 사적인 소통을 관리하는 일에 새로운 스트레스를 유발했다. 점점 숫자가 많아진 편지 쓰기 지침서들은 항상 세련된 연설처럼 편지를 쓰라고 권유했지만 실제 생활에서 글쓰기와 말하기는 같지 않았다. 18세기 젊은 남성의 생각을 읽을 수 있는 《더들리 라이더의 일기The Diary of Dudley Ryder》를 보면, 1715년 라이더가 '나는 내가 쓰는 편지에 지나치게 신경을 쓰는 경향이 있다'고 털어놓은 부분이 있다. 그는 이어서 '그건 내가 편지를 너무나 힘들게 쓰기 때문이다. 정말 고통스럽다. 내가 하고 싶은 말이 문제가 아니라 그 말을 어떻게 할지를 고민하느라 시간이 더 오래 걸린다. 나는 편지를 보내기 전에 여기저기 다 고친다'라고 썼다.

집안에서의 행동과 관련해서도 편지라는 소통 방식은 새로운 긴장을 만들어냈다. 편지를 통해 가정의 통합성과 가장의 힘이 커졌다. 물리적으로 떨어져 있더라도 부모가 편지를 통해 훈육을 할 수 있었기 때문이다. 1772년 랭커셔의 아마 상인 토머스 랭턴Thomas Langton은 200마일(약 320킬로미터) 떨어진 에섹스의 학교에 다니는 아들이 공부를 잘 하고 있는지 걱정하며 다음과 같은 편지를 썼다.

네 글쓰기 실력이 얼마나 늘었는지 보고 싶고, 네가 하려는 사업 계획을 알고 싶고, 네가 무슨 책을 읽고 주로 어디에 시간을 쓰고 어떤 선생님들이 너를 가르치는지 알고 싶구나.

영적으로 누군가를 지도하고 실용적으로 조언을 전하고 정서적 지원과 금전적 지원을 제공하는 일은 편지라는 도구를 통해 새롭게 재편되었다. 사업이나 인생의 중요한 일은 우편을 통해 논의하고 결정할 수 있게 되었다. 동시에 서신은 감시를 피하는 수단도 제공했다. 편지 쓰기가 일반화되고 편지의 내용은 비밀이라는 인식이 자리 잡으면서 은밀한 대화의 장이 새롭게 만들어졌다. 집 안에서 단둘이 있을 공간을 찾거나 정원과 들판으로 탈출하는 것 외에도 서신 교환을 통해 규칙에 어긋나거나 허락받지 않은 교제를 실행하기가 쉬워졌다.

18세기 초에 연간 100만 통 이상의 서신이 페니 포스트를 통해 유통되던 런던에서는 편지로 서로 당일에 바로 약속을 잡아서 만나는 것도 가능했다. 거리가 멀어지면 그 과정은 더 느려졌지만 결과는 똑같았다. 우편 서비스는 연애를 즐기려는 자와 연애를 통제하려는 자 사이의 갈등을 더욱 악화시켰다. 1685년 7월 27일, 존 이블린John Evelyn의 집에서는 아침에 일어나 보니 가족 중 한 명이 사라지고 없었다.

우리 모두 잠들어 있던 그날 밤, 내 딸 엘리자베스는 존 티펫 경의 조카인 젊은 남자를 만나러 나갔다. 그리고 그다음 날인 화요일에 부모에게도, 집안의 누구에게도 알리지 않은 채 결혼해버렸다. 그 아이가 그렇게 반항적인 행동을 할 이유가 전혀 없었다. 그 아이가 장녀인 만큼 주위에서 더 큰 축복을 기대했으리라는 점에서 나는 더욱 놀랐고 괴로웠다. 나중에 알고 보니 그 일은 오래전에 편지로 계획되었고, 딸아이가 레스터셔의 버튼 부인과 함께 있을 때 그리고 우리 집 근처에서 사적인 만남을 가지면서 논의되었다고 했다…. 우리는 딸아이가 갑자기 그런 행동을 하고 그 모든 걸 비밀스럽게 관리했다는 데 경악했다.

서신 교환의 프라이버시는 부모의 권위를 훼손했다. 편지 봉인이 언제든 뜯기기 쉽고 우편 배달부와 동네 우체국장이 가족과 다 아는 사이라는 점을 감안하면 엘리자베스 이블린은 상당한 위험을 감수한 것으로 보인다. 그러나 그 작전이 성공했다는 사실은, 통신 수단이 점점 다양해지면서 가상 프라이버시의 가능성이 확대되는 가운데 앞으로 발생할 여러 가지 문제를 예고하고 있었다.

손으로 쓴 메시지는 17세기 이후 유럽의 상류층 사회의 공적인 커뮤니티와도 관련이 있다. 손으로 쓴 메시지는 살롱, 클럽, 커피하우스처럼 친밀한 소통을 정치적 행위로 전환시키는 수단이었다. 이런 네트워크 안에서는 서로에게 편지를 써서 정보를 교환하고 의견을 제출할 수 있었는데, 당시에 처음 생겨나고 있었던 언론은 초창기부터 독자에게서

받은 편지를 폭넓게 활용했다. 그런 편지들은 진짜인 경우도 있고 편집자들이 작성한 경우도 있었다. 그 과정은 당시에 진화하고 있었던 프라이버시의 두 가지 측면을 반영한다.

첫째로 폐쇄적인 가정 내 분위기가 개인의 가치관 형성에 중요한 영향을 끼쳤다. 다른 가족 구성원이나 손님과의 대화를 통해 또는 집에서 읽은 책에 관한 사색을 통해 형성된 가치관과 의견이 개인에게 중요한 비중을 차지했다. 둘째, 이러한 변화는 개인과 사회 사이의 상호작용, 공식적인 소통과 비공식적 소통 사이의 상호작용을 재구성했다. 이리저리 떠밀리는 도시 보행자들이 어떤 사교 모임에서 더 나은 공동체의 형식을 찾을 때, 독자들이 문학 작품에 대해 이야기하려고 모일 때 혹은 서신 교환을 통해 관계가 형성되고 확장되거나 훼손될 때, 다양한 형태의 관계들은 끊임없이 움직였다.

경험은 단일한 궤적을 그리지 않았다. 독일의 철학자 위르겐 하버마스Jürgen Habermas가 설명한 서신 교환과 공적 영역의 상호작용은 새로 생겨난 프라이버시 체제의 불평등과 불안정성을 보여준다. 새로운 소통은 문해력, 가정의 안락함 혹은 도시 생활의 위험에 따라 달라지기 일쑤였으므로 새로운 프라이버시 관행이 만들어질 때는 소득과 성별, 학력과 거주지에 따라 경우의 수가 달라졌다.

명목상으로는 이성적 토론을 누구에게나 개방한다고 했지만 커피하우스의 고객은 일정한 사회적, 경제적 지위를 가진 사람들이었다. 목이 마른 사람이나 독서를 많이 한 사람이라고 다 고객이 되지는 않았다. 여성과 독학한 장인 계층은 지적인 탐구에도 끼지 못했고 국가의 중대사를 논하는 자리에도 공식적으로 배제되었다. 그러나 여성과 장인이 장외 세상에서 배제된 것은 아니었다. 여성은 품위를 지키면서 공개적으로 다양한 여가활동과 사업에 종사할 수 있었다. 인두세 기록에 따르면 17세기 후반에 런던 커피하우스의 소유주 5분의 1 이상이 여성이었다.

국가, 공적 영역, 내밀한 가정이라는 3가지 영역의 구분은 항상 임시적이었다. 1660년에 우체국법이 제정되고 나서 3년 후에는 서신의 비밀을 보장하는 포고령이 발표되었다.

편지를 운반하거나 전달하는 일을 맡는 우체국장이나 직원들 중 누구도… 어떤 편지도, 소포도 그들 자신에게 온 것이 아니면 개봉해서는 안 된다. 우체국장과 직원들, 그리고 다른 누구도 우편물이 런던으로 가거나 런던에서 오는 도중에, 또는 위탁받은 다른 어떤 지역으로 오고 가는 도중에 운송을 중단해서는 안 된다. 편지를 개봉하거나 은닉하거나 배달을 지연시키는 일 없이 정직하고 충실하게 배달해야 한다.

이 약속은 1710년에 법으로 제정되어, 국가 기관이 가정의 문지방 안으로 침입하지 못하게 하면서 프라이버시와 관련된 법률의 토대를 형성했다. 그러나 법적인 보호는 편지 배달부와 우체국장 개인의 행위에만 적용되었다. 영국 내무대신은 국가의 적으로 간주되는 사람들의 우편물을 개봉하기 위한 기밀 영장의 발부 권한을 계속 유지했다. 정부가 국가 구성원을 감시하는 것에 대한 이중 접근법이 이 시기에 형성되었으며 그 접근법은 일부 수정을 거쳐 오늘날까지 유지되고 있다.

이중 접근법이란 국가는 낮은 수준의 보안을 선언하고 그 약속을 대부분 이행하지만, 동시에 정치적 감청은 적극적으로 실행하고 은폐한다는 것이다. 사람들은 부호와 암호, 투명 잉크를 더 많이 사용하는 방법으로 위험에 대응했고 우체국도 감청 역량을 강화했다. 영국이 공화정에서 스튜어트 왕조로 넘어가는 동안 이러한 이중 접근법을 유지했던 사례 중 하나가 암호 해독으로 명성이 자자했던 수학자 존 윌리스John Willis를 고용한 일이었다.

정부는 점점 힘을 키워가는 시민의 공적 영역에 위협을 느끼고 국가 원수의 재량권에 집착했다. 1790년대 프랑스 혁명 시기에 그런 일이 실제로 벌어졌을 때 사적 영역에 대한 존중이 순식간에 사라졌다. 모든 동네와 모임의 장소에 첩자가 파견되고 반체제적인 문학 작품의 생산과 소비를 통제하려는 시도가 이뤄지고 인신보호가 중단되고 우편 검열이 실행되었다. 프랑스에서 새로 생겨난 공공 영역은 모두 국가 개입에 노출되었다. 편지의 봉인부터 현관문의 자물쇠, 집안의 비밀에 이르는 모든 것이 압박에 취약해졌다.

3

19세기의

풍요가 불러온

감시자들

18세기에서 19세기로 넘어가는 시기에 프라이버시의 역사에서 두 가지 거대한 서사가 시작되었다. 먼저 이 시기, 개인의 생각과 행동을 감시하는 것에 대한 논의의 틀이 생겨났다. 그 틀은 현재까지도 유효하다. 현대 사회에서 프라이버시의 조건을 설명하기 위한 역사적 준거 지점이 바로 파놉티콘Panopticon일 것이다. 파놉티콘은 한 곳에서 건물의 모든 부분을 감시할 수 있도록 원형으로 설계된 감옥을 뜻하며 중앙집권적인 감시 체제를 상징하는 개념이다. 파놉티콘은 제러미 벤담Jeremy Bentham이 최초로 제시한 것일 수도 있고, 조지 오웰George Orwell이 《1984년》에서 재구성한 것일 수도 있고, 미셸 푸코Michel Foucault의 《감시와 처벌Discipline and Punish》에서 중요한 은유로 사용된 것일 수도 있다.

파놉티콘은 프라이버시의 궁극적인 운명을 예언한다. 법학자 마이클 프룸킨Michael Froomkin은 2000년에 발표한 〈프라이버시는 죽었는가?〉라는 글에서 파놉티콘 이후 모든 것을 보는 눈을 상징으로 삼는 국가 아르구스(눈이 4개 여서 잠을 자지 않는 감시자로 알려진 그리스 신화 속 거인-옮긴이)는 억압적인 권력의 대명사가 되었다고 주장했다. 최근에는 글렌 그린월드Glenn Greenwald가, 에드워드 스노든 Edward Snowden이 폭로한 국가의 사찰을 설명하며 파노팁콘의 개념이 다시 등장했다. 특히 스노든은 미국 국가안보국 NSA의 특징을 두고 직접적으로 파노팁콘을 인용하여 설명했다. 벤담이 살아 있었다면 그린월드와 스노든의 주장을 근거로 자신의 이론을 더욱 설득력 있게 주장했을 것이다. 그는 숫자로 점철된 시대에 사람의 행동을 규율하는 경제적 수단을 발견한 것이었다.

벤담이 1787년에 발표한 《파노팁콘》의 서문에는 〈시편〉에서 인용한 "주께서 나의 길과 나의 침상에 계시니 나의 모든 길을 살피시나이다"라는 구절이 나온다. 그 뒤에 이어지는 내용은 독자들을 공통된 논의의 틀로 끌어들인다.

내가 주장했던 대로 그 계획이 근본적인 장점들을 가지고 있다는 것에 이제는 의심의 여지가 거의 없으므로 나는 자부심을 느낀다. 검열관은 어디에나 존재(신께서 내가 이런 표현을 쓰는 것을 허락하신다면)하며 검열관이 실제로 존재하기가 극도로 용이하다.

벤담에 따르면 감춰지는 정보는 없다. 적절한 건축적 구조와 조직만 있으면 모든 것을 알아내고 판단할 수 있을 뿐이다.

또한 이 시기는 수백 년 동안 이어지는 프라이버시의 긴 여정의 정점으로 간주된다. 프랑스의 역사학자 미셸 페로Michelle Perrot의 기념비적인 저서《사적 생활의 역사A History of Private Life》제4권은 19세기가 사생활의 황금시대로서 사생활의 어휘와 현실이 제대로 모습을 갖췄다는 주장으로 시작한다. 신흥 부르주아 계층이 자기 자신과 사회를 바라보는 시각의 중심에는 폐쇄된 가정이 있었다. 이제 가족 구성원들은 가족이라는 단위를 통해 신과 일체가 되도록 준비하는 것이 아니라 지상에 자신들의 영역을 만들었다.

비용을 감당할 수 있는 사람들에게 프라이버시는 집을 가득 채운 빅토리아 시대 가구만큼이나 견고하고 안전한 것으로 보였다. 가정은 남자 가장의 통치 아래 사적인 정보를 공유하는 하나의 세계를 이뤘다. 가족 구성원들은 서로 자유롭게 대화를 나눴으며 이를 방해하는 유일한 걸림돌은 하인들뿐이었다. 사회나 정치권력도 집안의 대화에 접근할 권리는 없었다.

또한 이 시대에는 프라이버시에 대한 높은 의식으로 공개적인 논쟁이 이뤄지기도 했다. 교도소의 건립 비용을 마련하기 위한 벤담의 캠페인은 1811년 선정위원회 청문회 후에 최종 부결되었다. 형법 개혁가들은 감시라는 근본적인 개념을 상기시키며 벤담의 파노팁콘 계획을 공격했다. 숨은 검열관이라는 장치를 마련하면 교도관과 방문객이 시끄럽고 병균이 우글거리는 수감자들에게 직접 노출되지 않고도 수감자의 교화를 유도할 수 있다는 것이 벤담의 주장이었다. 그를 비판하는 사람들은 수감자들을 참회와 재활로 이끌고 감독하려면 아무리 위험이 크더라도 정기적인 대면 접촉이 필요하다고 반박했다.

지식의 습득과 행동의 변화는 원격으로 감독할 수 없다는 이유로 선정위원회는 교정 시설에서 모든 부분을 검열하고 감독하기 위해 명확한 책임자를 임명할 필요성이 있다고 주장했다. 작업반장, 교도소장, 의사 그리고 무엇보다 교도소 사제와의 빈번한 물리적 접촉은 무엇으로도 대체할 수 없다고 했다. 파노팁콘은 끝내 지어지지 않았고 설계도만 남았다. 그러는 동안 사적 영역의 경계를 정의하고 그 안에서 일어나는 긴장 상황을 관리하기 위한 다른 과제들이 등장했다.

대도시 속 사생활의 기술

형벌 제도와 마찬가지로 전반적인 사회 질서를 관리하는 부분에서도 기존 지식 및 규율을 변화하는 사회에 맞게 조정하는 과제가 남아 있었다. 영국의 인구는 1801년에서 1851년 사이에 두 배로 늘어났고 1911년에 다시 두 배로 늘어났다. 18세기에는 시골에 사는 사람과 도시에 사는 사람의 비율이 거의 변하지 않았지만, 19세기에는 도시에 사는 사람이 전체 인구의 5분의 1에서 5분의 4로 급격히 늘었다. 영국은 세계 최초의 대규모 도시 사회가 되었다.

17~18세기 영국의 정치가 제임스 버논James Vernon이 주장했던 것처럼 자신이 태어난 장소를 떠나온 사람들의 수만으로도 사회, 경제, 국가 전반에 걸친 하나의 의제가 만들어졌다. 사적인 개인은 예측이 불가능하고 자급자족이 가능한 주체였으므로 권력자들은 아주 제한된 지식만을 가지고 그 개인들과 협상해야 했다. 사적인 개인은 남편이나 아내, 부모나 자녀로서 친밀감을 공유하는 관계 속 단위였으며 그런 친밀한 관계로부터 초창기 산업사회의 안정성을

담보하는 가치관과 행동이 만들어졌다.

또한 낯선 사람에 대한 관심이 높아지면서 미지의 런던을 안내하는 책자가 부활했다. 1820년 저널리스트 피어스 이건Pierce Egan은 《런던 생활Life in London》을 시리즈로 출간하기 시작했다. 이 책은 순진한 시골 남자가 세속적인 친구들에 이끌려 런던의 쾌락과 위험을 접하게 된다는 내용으로, 17세기 네드 워드의 〈런던 엿보기〉의 후속 같은 느낌을 주었는데 출판 시장이 매우 커졌으므로 그 영향력도 몇 배로 커졌다. 《런던 생활》에는 삽화가이자 풍자 만화가 조지 크룩섕크George Cruikshank의 삽화가 아낌없이 들어가 있었고 발행된 지 몇 달 만에 인쇄물, 쟁반, 담배갑, 손수건, 부채, 칸막이, 포스터, 노래 등의 다양한 상품으로 제작되었으며 런던의 극장에서 적어도 6가지 각색본으로 공연되었다.

톰과 제리(《런던 생활》의 주인공인 코린티안 톰과 제리 호손을 의미한다-옮긴이)는 대중문화의 혈류 안으로 들어왔다. 19세기 톰과 제리에 관한 한 연구는 그들이 등장하는 연극 중 가장 성공적이었던 작품이 영국뿐 아니라 아일랜드, 스코틀랜드, 웨일즈를 넘어 미국과 서인도제도까지 빠르게 퍼져 나갔다고 설명한다. 피어스 이건이 성공한 요인 중 하나는 그의 글이 진실을 표방했기 때문이다. 책은 실제 존재하는 거리를 걷고 연회장과 극장, 클럽과 선술집, 스포

츠 경기장으로 독자들을 안내했다. 독자들은 24시간 내내 제공되는 즐거움을 맛보고 그런 장소를 이용하는 사람들의 생생한 비속어를 익힐 수 있었다. 런던에 살던 사람들은 이 이야기를 소비함으로써 유대감을 느꼈다. 책은 런던에 새로 정착한 사람들과 잠시 방문한 사람들에게 지도 역할을 했으며, 멀리서 런던을 매력적인 대도시로 여기던 사람들에게는 풍부한 상상력과 즐거움을 주었다.

한편으로《런던 생활》은 한 편의 공연과도 같았다. 책 속 장면들이 무대로 옮겨져 성공을 거둔 것은 우연이 아니었다. 《런던 생활》과 나중에 나온 아류작들은 모두 공개된 장소에서 어떤 역할을 수행하는 등장인물에 초점을 맞췄다. 워드의 제목과 이건의 줄거리를 차용해서 찰스 웨스트 매컷Charles Westmacott이 1825~1826년에 발표한《영국을 엿보다The English Spy》는 '인생은 한 편의 연극이고 인간은 주연배우이며 극작가는 최고의 미인들을 엄선해서 창작의 원천으로 삼아야 하고 다양한 군상의 변화무쌍한 경로를 있는 그대로 그려야 한다'고 선언했다. 이건은 런던이 위험으로 가득한 도시였다고 설명했다.

결과적으로 저자는 독자들을 위해 카메라 옵스큐라 방식으로 런던을 바라보기로 했다. 카메라 옵스큐라는 안전할 뿐 아니라 편안한 느낌을 주고, 남들의 눈에 띄지 않으면서 남들을 구경할 수 있다는 귀중한 이점을 가지고 있기 때문이다…. 《런던 생활》을 볼 때는 화재나 홍수의 위험을 걱정하거나 느끼지 않아도 되고, 팔다리가 부러지거나 눈에 멍이 들거나 지갑을 잃어버리거나 유치장에 들어갈 일도 없고, 매춘부를 만났다가 다음 날 아침 풍기문란으로 적발되어 치안판사 앞에 서는 일도 피해갈 수 있다.

런던이라는 도시는 사람들에게 복잡하고 낯선 실체로 받아들여지기 시작했다. 런던의 거리와 집들을 총체적으로 파악하기 어려워질수록 런던 전체를 이해하기 위한 대안적인 수단을 찾는 일이 절실해졌다. 안내서 외에도 수많은 건물을 한눈에 보여주는 파노라마 시장이 새로 생겼는데 그중 가장 눈에 띄는 작품은 1829년 리젠트 공원 런던 콜로세움에 전시된 토머스 호너 Thomas Horner의 〈런던 파노라마〉였다.

〈런던 파노라마〉는 세인트폴 대성당의 돔과 비슷한 돔으로 설계된 콜로세움 내부에 반경 20킬로미터 내의 도시 풍경을 모든 방향에서 묘사한 그림으로서, 런던이 세상에서 제일 큰 유화에 담긴 셈이었다. 대중은 기꺼이 돈을 내고 자기가 사는 도시의 풍경을 감상하러 콜로세움을 찾았다. 거리의 물성을 파악하려는 이러한 시도는 공과 사의 경계가 변화하고 있었다는 뜻이다. 찰스 웨스트매컷은 《영국을 엿보다》에서 합법적인 조사의 영역을 다음과 같이 규정했다.

왕좌에서 초가집까지, 인물이 있는 곳이라면 우리는 어디든 간다. 경쾌한 유머의 날개를 달고, 펜과 연필로 세상사를 있는 그대로 충실히 묘사한다. 사생활의 신성한 베일을 걷어내지는 않지만 공인에 대해서는 공공의 권리로서 포착하고, 우리가 시인의 후예임을 증명하는 유쾌한 풍자의 맥을 유지한다.

프라이버시는 이제 매우 확고한 개념으로 자리 잡아서 진부해질 지경이었다. '신성한 베일the hallowed veil'이라는 표현은 프라이버시의 도덕적 강점과 현실적 취약성을 동시에 보여준다. 웨스트매컷은 훗날 기자 생활을 하면서 런던의 생활을 관찰하기가 어려워졌다고 했는데, 합법적인 형태로 개인의 생활을 묘사하려면 그 개인은 공적으로 알려져도 되는 직업이나 공적인 잘못을 저지른 사람이어야 했다. 그런 관점에서 익명성은 거리가 아니라 가정에 적용되는 개념이었다. 남에게 관찰당하지 않을 권리는 현관문을 닫는 데서 시작되었다. 독일의 관찰자 막스 슐레징어Max Schlesinger는 영국을 방문하고 현관문 밖에서 가정 내부와 소통할 때의 정교한 예의범절에 매료되었다며 다음과 같은 기록을 남겼다.

노크하는 법을 배우는 것보다 영국인의 언어를 배우는 것이 훨씬 쉽다. 처음 온 사람들은 노크하는 것이 그 어떤 악기보다 어렵다고 항의한다. 내 소리가 집 안까지 들리게 하면서도 비난과 조롱을 당하지 않으려면 청력과 손놀림이 좋아야 한다. 사회의 어떤 계층이든 요새의 문 앞에서는 노크하는 리듬을 사용해 자신을 알려야 한다. 우편배달부는 두 번 연속으로 시끄럽게 두들기고, 손님으로 온 사람에게는 점잖지만 엄숙한 트레몰로가 정석이다. 집 주인은 점점 세게 트레몰로를 연주하고, 자기 주인의 도착을 알리려는 하인은 노크를 북으로 바꾸고 맹렬한 기세로 그 북을 연주해 집이 뿌리째 흔들리게 만든다. 반면 정육점 주인, 우유 배달부, 제빵사, 청과물 상인은 노크 대신 부엌에 신호를 보내는 종을 울려야 한다.

현관문 너머에서는 도시의 가시성이 점점 중요해지고 있었다. 1807년 런던 거리에 가스등이 처음 등장했고 1875년이 되자 8,000킬로미터에 달하는 가스관이 설치되면서 런던은 인공조명이 밝혀진 최초의 대도시가 되었다. 이제는 어떤 만남에서든 정보가 적절하게 공개되어야 했다. 어두운 골목길도, 은폐된 장소도 없어야 했다. 도시계획 조례를 통해 도시의 폐쇄된 정원은 차례로 개방되었고 모든 도로는 다른 도로와 이어져서 이동성을 높이고 사적 공간을 줄여야 했다. 1835년에 고속도로법이 제정된 이후로 주요 도로의 폭이 표준화되고 보도를 만들 때는 안전한 통행을 위해 마차와 보행자를 분리해야 했다.

거리에서 개인 간의 접촉은 최소화되었다. 차세대 런던 안내서들이 등장하면서 보행자의 이동을 강제하는 법이 제정되었다. 1822년 '방랑자법'은 공공 도로를 통행하는 사람과 뚜렷한 목적 없이 공공 도로에 모여 있는 사람을 법적으로 구분했다. 그때부터 길에서 누군가와 스스럼없이 오래 소통하며 서 있는 것은 의심스러운 행위가 되었다.

일상으로부터 우아한 탈출

19세기 후반의 교통 혁명, 즉 유료 고속도로에서 시작되어 전국 철도망 건설과 대중교통 개발까지 도시간 이동이 매우 활발해지자 공공장소에서 이뤄지는 낯선 사람들 사이의 교류에도 근본적인 변화가 일어났다. 18세기에 여행객은 대부분 도보로 이동했고 이동 중에 자연스럽게 집단이 형성되면서 서로 친분을 쌓기에 충분한 시간을 가졌다. 여유 있는 사람들에게 장거리 마차 여행은 본질적으로 여관에서 술을 마시고 식사를 하고 잠을 자면서 쉬어가는 일의 연속이었으며 마차 안에서는 신분이 비슷한 사람들과 대화를 나눌 기회가 많았다.

18세기 이후 이동의 속도가 빨라지면서 여행은 더욱 사적으로 변해갔다. 기차역은 마차가 쉬어가는 여관만큼 친밀한 관계를 만들 수 있는 장소가 더 이상 아니었다. 기차에도 낯선 승객이 더 많았는데 1860년대부터는 기차에 통로가 생겨서 닫힌 객차 안에서 타인과 강요된 친밀감을 가지지 않아도 되었다. 이렇듯 이동시간이 단축되면서 같은 방향으로 가는 사람들끼리 서로 알게 될 기회가 더 줄어들었다. 도시 환경에 대한 안내서 외에 여행기라는 새로운 장르가 등장했고, 이런 유의 책에서는 사람 많은 곳에서 타인과 눈을 마주치지 않고 물리적 거리를 유지하는 방법을 알려주기도 했다. 기차역의 책 가판대는 여행용 소설이라는 장르를 탄생시켰는데, 여행객이 소설을 읽게 되면서 주변의 다른 여행객들과는 더욱 거리를 두게 되었다.

한편 장거리 보행자의 여행에도 새로운 변화가 생겼다. 영문학자인 앤 월리스Anne Wallace는 고속도로와 철도를 이용하여 점점 빠른 속도로 이동하는 여행과 대조를 이루는 이 시대 도보 여행의 즐거움을 '사색하며 걷기'라는 말로 찬양하기도 했다. 1800년 무렵에는 도시뿐 아니라 알려지지 않은 아름다운 시골 마을을 소개하는 안내서도 출간되었다. 19세기에는 교양 있는 중산층이 집단을 이뤄 당일 여행이나 며칠간의 도보여행을 떠났고 사람들의 압박에서 탈출하고 싶은 개인들이 혼자 여행을 떠나기도 했다.

영국의 수필가 윌리엄 해즐릿William Hazlitt은 시인 워즈워스와의 우정에 영향을 받아 1821년에 발표한 〈여행을 떠날 때On Going a Journey〉라는 에세이에서 낭만적 개인주의를 표현하는 여행의 틀을 제시했다. 그는 세상에서 가장 즐거운 일 중 하나가 여행이라면서 다음과 같이 이야기했다.

나는 혼자 여행하는 것이 좋다. 방 안에서는 나도 사교를 즐기지만, 야외에서는 자연만 있어도 된다. 자연과 있으면 혼자 있을 때만큼 외롭지 않다. (…) 이 시간은 침묵과 사색에 바치고, 기억 속에 소중히 간직하고, 나중에 나를 미소 짓게 할 생각의 원천을 제공하는 신성한 시간이다.

그에게 여행은 오염되지 않은 웅장한 풍경을 하느님 삼아 실행한 새로운 형태의 개인 기도였다. 나중에는 도시의 일반 대중도 중산층의 이런 우아한 탈출을 따라했다. 19세기 후반과 20세기 초반에 주당 노동시간이 단축되고 철도 여행의 비용이 낮아지면서 누구나 연기 자욱한 도시를 벗어나 여행을 계획하고 즐기게 되었다. 북적이는 집과 거리를 벗어나기 위해 여행 말고 취미 낚시도 이 시기 비슷하게 유행했다.

시골에서 도시로 장단기 여행을 떠나는 기본적인 동기는 언제나 하나였다. 즐거운 시간을 보내기 위해서였다. 이렇듯 시간을 즐기는 수요가 늘어나자 구경거리를 만드는 사업에 자본이 모였다. 19세기 런던에서 사람들이 가장 많이 즐긴 오락은 연극이었다. 이건의 《런던 생활》을 연극으로 각색한 작품이 다양한 계층의 관객을 대상으로 상연되었다. 관객은 가격에 따라 대략적으로 구분되었는데 이로 인해 극장은 극빈층을 제외한 모든 사회 계층이 남을 관찰하는 동시에 남에게 관찰당할 수 있는 공간이 되기도 했다. 《영국을 엿보다》에는 다음과 같은 구절이 있다.

> 유행에 민감한 사람에게 오페라 극장은 사회의 다양한 계층이 참여하는 대중 오락 중에 유일하게 참아낼 수 있는 장소였다. 그곳에서 그는 저속한 시선을 피해 품위를 유지하고, 쾌적한 1등 박스석에서 편한 자세를 취한 채 공연장을 가득 메운 군중을 관찰한다.

템스강변 양쪽으로 4,000석 규모의 공연장이 들어설 정도로 연극 관람객은 그 수가 늘어났다. 《런던 생활》을 각색한 연극에 이어 대도시에서 돌풍을 일으킨 연극은 존 풀John Poole이 1825년에 내놓은 〈폴 프라이Paul Pry〉라는 작품이었다. 〈폴 프라이〉가 성공하자 곧바로 해적판 연극이 3편 이상 나올 정도로 이 연극은 큰 인기를 끌었다. 12개월이 조금 넘는 기간 동안 이 두 편의 연극은 100만 명 정도인 런던 성인 인구의 절반에 달하는 어마어마한 관객을 끌어모았다. 극단들이 지방 소도시를 순회하며 공연을 올렸고 멀리 뉴욕에서도 공연이 될 만큼 인기였다.

사생활에 대한 불쾌한 침해를 다룬 연극 〈폴 프라이〉는 매일 밤 다양한 관객들을 한데 모았고 관객들은 하나가 되어 폴 프라이의 비행과 불행을 떠들썩하게 즐겼다. 이 연극은 프라이버시에 대한 현대적 논쟁의 출발점이었지만 대중 문화에 대한 집단적 소비는 그때부터 감소하기 시작했다. 런던의 이스트엔드에는 훨씬 좁은 고객층을 대상으로 하는 소규모 극장들이 생겨나기 시작했다.

한편 18세기 중반부터 다양한 산책자를 매혹시켰던 런던의 유원지는 계층을 뛰어넘는 매력을 잃고 말았다. 한때 제일 핫한 오락의 중심지였던 복스홀 가든과 그곳을 찾는 고객들은 점점 저속하게 여겨졌고 결국 복스홀 가든은 1859년에 문을 닫았다. 이제 오락은 사회 관계망 바깥에 있는 사람들과 어울릴 기회가 되지 못했다.

이러한 사회적 변화의 또 다른 요인은 인쇄술의 확산이었다. 인쇄술이 널리 보급되면서 가정에서 편안하게 휴식할 여지가 많아졌고 문학 애호가들은 집 밖에 나가지 않고도 극장 경험을 즐기거나 재현할 수 있게 되었다. 1825년에서 1850년 사이에 진취적인 출판사들은 연극 대본을 출간하기 시작했고 존 던컴John Duncombe과 존 컴벌랜드John Cumberland가 출판한 〈영국의 연극〉 시리즈는 가족과 친구를 모아 직접 연극을 해보려는 사람들을 위해 다양한 무대

예술 작품을 전시회 입장권 한 장 가격에 판매했다.

직접 보고 따라할 수 있는 연기 지도서, 연극용 의상과 분장 용품도 구입할 수 있었다. 부유한 가정에서는 촛불이 밝혀진 미니어처 배경을 갖춘 모형 극장을 아이들에게 사주기도 했다. 귀족 가문의 넓은 시골 저택에서는 집 안에서 파티를 즐기기 위해 실내 극장을 설치하기도 했다. 19세기 초 집단 오락의 전형이었던 연극을 가정에서 즐기게 된 것은 가정의 기능이 확대되고 있었음을 보여준다. 도시 중산층의 생활수준이 향상되면서 닫힌 현관문 뒤에서 진행되는 다양한 활동과 기능에 대한 투자가 늘어난 결과였다.

은둔하고 싶은 자를 위한 건축

가정 내에서 은둔하려는 욕구는 오랜 역사를 가진다. 중세 후기부터 경제적 여유가 있는 사람들은 부분적으로나마 독립된 생활공간을 원했고 현관문 안과 밖의 생활을 차별화하려고 했다. 이후 점점 부유해지는 사업가와 전문직 종사자의 가정에서는 수면 공간을 거실과 분리하고, 주방을 식당과 분리하고, 공용 응접실과 사적인 사교 공간을 분리하는 것뿐 아니라 아이들 각자의 침실, 공부방, 아기방, 옷방, 오전용 거실, 재봉실 그리고 간혹 있었던 골방 대신 서재나 도서실을 따로 두기 시작했다. 영어에 '응접실 sitting room'과 '라운지 lounge'라는 단어가 생긴 것은 1806년과 1881년이다.

시골 저택의 경우 17세기 후반부터 복도를 만들었는데, 19세기에 들어서는 복도를 가족의 공간과 더 많이 분리하고 각자의 방도 사람들이 돌아다니는 공간과 분리했다. 하인들은 별도의 숙소로 들어갔고 큰 저택에는 하인들의 공간으로 통하는 뒷계단을 따로 두었다. 18세기 후반에 끈을 잡아당겨 울리는 종이 발명되자 하인들은 더 이상 주인의 곁에 대기할 필요가 없었다.

은둔이 가정 구성원들의 보편적인 욕구가 되자 이를 실천하는 속도도 빨라졌다. 작가 로버트 커Robert Kerr는 영국 주택설계 지침서에서 '아무리 작고 좁은 집이라도 가족에게는 사생활이 있어야 하며 하인들에게는 넉넉한 공간이 주어져야 한다. 그리고 집안 전체가 겸손하면서도 우아한 모습이어야 한다'고 주장했다. 그는 '점잖은 사람의 집'이 가지는 12가지 특징을 나열했다. 여기에는 넓음, 풍요로움, 우아함과 같은 조건들이 포함되었지만 그중 맨 위에 있는 항목이 바로 프라이버시였다. 이러한 원칙은 바깥 세계와 교류할 때, 집안 내부의 공간을 설계할 때 모두 적용되었다.

> 가족이 쓰는 방들은 기본적으로 사적인 공간이어야 하며, 가족의 통로도 가능한 한 사적인 공간이어야 한다는 것이 영국 상류층의 첫째 원칙이다. 따라서 집이 아무리 작더라도 하인들의 공간은 집 본채와 분리되어, 경계선을 사이에 두고 양쪽에서 벌어지는 일이 서로에게 보이지도 들리지도 않게 하는 것이 최고로 중요하다.

영국 상류층에게는 보지 않아야 할 것을 보지 않는 일종의 '의도적인 근시'가 요구되었다. 19세기 영국의 건축가 J. J. 스티븐슨 J. J. Stevenson은 《주택 건축 House Architecture》이라는 책에서 '당연히 어떤 경우에도 하인이 가족의 사생활을 들여다볼 수 없어야 하고, 하인 입장에서도 복도와 생활공간에 있을 때는 가족에게 관찰당하지 않을 권리가 있다'고 썼다.

방의 개수가 많고 방 사이의 벽이 두꺼울수록 가족 구성원 개개인이 혼자 생각에 잠기기가 쉬웠다. 하지만 아이들과 하인, 손님이 끊임없이 드나든다는 사실을 감안하면 그런 평화는 당연하게 누릴 수 있는 건 아니었고 직접 그 기회를 만들어야 했다. 어느 시대에나 그랬듯이 혼자만의 시간을 누리기가 제일 쉬운 장소는 야외였고, 이런 이유로 경계가 있는 정원은 훌륭한 도시 주택에 반드시 딸려 있어야 하는 요소가 되었다.

새뮤얼 비튼 Samuel Beeton의 《정원 관리 The Book of Garden Management》라는 책은 '울타리는 경계를 알리고 안전을 보장할 뿐 아니라 소유와 은둔이라는 개념을 전달하고 취향이나 필요에 따라 그 땅을 보기 좋은 곳 또는 보기 흉한 곳으로 만들어 차별화한다'고 규정했다. 원래 울타리를 두르고 꽃과 채소를 키우는 공간이었던 정원은 이제 집안의 사생활을 위한 장소가 되었다. 정원은 이웃과 낯선 보행자가 함부로 쳐다보거나 출입하지 못하는 장소였다.

집 안에서는 거주자들이 서로 자기 물건을 놓을 공간을 차지하려고 점점 치열한 다툼을 벌였다. 빅토리아 시대 초기 중산층의 비교적 넉넉했던 실내공간은 부에 대한 과시와 물건을 쌓아놓으려는 열망 때문에 점점 좁아졌다. 취향이 고상하면 과도한 지출도 거리낌 없었고 도리어 형편없는 취향이 도덕적으로 비난받을 정도였다. 과거에는 그때그때 하려는 활동에 맞게 가구를 옮겼다면, 이제는 의자와 탁자, 옷장, 침대의 위치가 고정되었고 가족 구성원은 집안 내 깨지기 쉬운 장식품이 잔뜩 놓인 선반과 장식장을 조심하며 지나다녔다.

집을 청결하게 유지하고 식탁에 끼니마다 음식을 차리기 위해 하인을 더 많이 고용하게 되자, 가족과 친척과 손님들이 서로 교류할 시간이 늘어났다. 그들은 책을 더 많이 읽고 편지도 더 많이 썼지만 대부분의 시간을 이야기를 나누며 보냈다. 집안의 서재는 사교 활동을 위한 공간으로도 쓰였다. 특히 여자들에게는 소리 내서 책을 읽고 자신이 읽은 책에 관해 서로에게 이야기하는 활동이 권장됐다.

이른바 19세기는 친밀한 대화의 황금기였다. 과거처럼 집 안에서 돈벌이를 위한 일을 하지 않았으므로 실내는 대체로 조용한 편이었고 하루 일과가 진행되는 동안 대면 소통을 하며 서로 필요한 만큼 연결을 유지했다. 아이들은 형제자매끼리 놀거나 집에 온 사촌들과 함께 시간을 보냈다. 아이들의 어머니는 다른 아이들의 어머니들과 담소를 나누며 즐거운 시간을 보냈다. 일을 마치고 집에 돌아온 아버지는 아이에게 책을 읽어주고 대화도 나눴다. 남편과 아내는 이제 둘만의 영역이 된 침실에서 속마음을 털어놓았다. 저녁에 온 가족이 한자리에 모일 때면 이런저런 소식을 전하고 각종 사건과 인물에 대해 토론하거나 서로에게 책을 읽어주기도 했다. 그러지 않으면 게임을 하거나 아마추어 연극을 해보기도 했다. 가족끼리 소통할 때는 하인에게 들리지 않게 해야 한다는 우려가 널리 퍼져 있어서 조용한 대화의 위상이 높아졌다. 대화를 나누는 사람끼리의 친밀감, 몸짓과 말투, 얼굴 표정 같은 보조 장치들이 그런 대화에 의미를 부여했다.

그러나 이러한 삶의 모습을 띄는 중산층 가정이 증가했다고 해서 프라이버시 관리가 더 쉬워졌다고 볼 수는 없다. 모든 방면에서 복잡성과 불안이 증가했기 때문이다. 우선 가족 구성 자체가 사생활을 지키기가 애매했다. 이미 10세기 중반부터 영국에서는 한 집에서 사는 가족 안에 홀로 남은 친척, 하인, 하숙생, 견습생, 여행객 등의 직계 가족이 아년 타인이 포함된 형태가 일반적이었다. 부모 없는 친척 아이, 시골에서 온 사람까지 기꺼이 가족으로 받아들였다는 사실은 당시 거리에 노숙자가 상대적으로 적었다는 사실과 동전의 양면을 이룬다.

가장이 부유할수록 가족 외의 식솔은 하인일 가능성이 높았다. 그만큼 부유하지 못한 가족은 집에 딸린 일꾼 또는 임대료를 지불하는 하숙생처럼 살림에 보탬이 되는 식솔과 함께 살았다. 그렇다고 해서 집이 낯선 사람들로만 가득 찼던 것은 아니다. 가족 구성원이 새로 들어오거나 나갈 때마다 친밀함의 층위를 조정하고 재구성했다. 먼 친척의 아이는 일반적으로 확대가족으로 인식되었으며 시간이 지나면 부부의 아이로 받아들여질 때도 있었다. 숙박객은 잠시 스쳐가는 새처럼 무심하게 지낼 수도 있고 가족과 식사를 함께하는 관계가 될 수도 있었다.

숙박객은 가족의 바깥에 있지도 않고 안에 있지도 않기 때문에 집안에서 의무는 많고 권리는 거의 없는 어중간한 존재가 되기 쉬웠다. 일반적으로 하인들은 이직률이 높았지만 적어도 일부 하인은 가족의 신뢰와 애정의 관계 속에 들어와 있었다. 이처럼 변화무쌍한 사회적 단위를 통솔하는 부부는 날마다 누가 어디까지 알고 있는가, 누구에게 어디까지 알려줘도 되는가라는 새로운 질문을 마주할 수밖에 없었다. 얇은 칸막이벽으로 분리된 방 안에서 이뤄지는 혼잡한 소통을 설사 통제할 수 있더라도 매번 수시로 사적인 정보의 경계를 판단해야 했다. 결과적으로 부부는 각자 집안의 다른 구성원들과 친밀한 관계를 맺으면서 관리하는 방법을 택했다.

팽창하는 도시에서 건설이 대규모로 신속하게 진행된 덕분에 대화재 이후로 런던의 주택 수가 일관되게 유지되었다. 그러나 대부분의 사람들은 세를 내고 집을 빌려 썼으므로 적절한 수준의 안락함을 원하는 세입자는 자주 다른 집으로 이사했다. 개인의 취향이 강조되는 시대였음에도 불구하고 세입자는 집안 구조에 아무런 권한이 없었다. 19세기 영국의 건축가 저베이스 휠러Gervase Wheeler가 《주거의 선택The Choice of a Dwelling》에서 지적했듯이 런던에서 집짓기는 집주인이 아닌 한 특정한 사람의 경험과 취향 안에 있지 않았다.

19세기 도시에서는 가족이 같은 거리의 다른 집으로 옮기기도 했고 집안 형편에 따라 더 부유한 동네로 가거나 덜 부유한 동네로 돌아오곤 했다. 그래서 당시 가족에게 집이란 이동식 주택에 더 가까웠다. 그럼에도 사생활이라는 연극을 위해 더 나은 무대를 찾으려는 욕구는 항상 있었다. 규범적으로 생활하기 위해서는 건축과 설계의 세세한 부분이 매우 중요했다. 19세기 영국의 건축가이자 작가인 로버트 커Robert Kerr는 도시의 신흥 중산층을 위해 지어진 주택의 단점을 다음과 같이 비판했다.

> 출입문이 하나밖에 없어서 손님이 상인들과 어깨를 부딪치게 되는 조잡한 구조는 물론이요, 설거지를 하는 부엌방이나 석탄창고에서 나는 소리가 얇은 칸막이를 통해 식당이나 서재로 전해질 때나, 현관에서 부엌 또는 계단에서 부엌으로 이어지는 통로에서 옷장이나 조리공간이 다 보이고 음식 냄새가 온 집안에 퍼지는 것이 얼마나 불쾌한지도 굳이 말할 필요가 없다. 중간 가격대로 투자할 수 있는 교외 별장을 잘 아는 사람이라면 이런 묘사가 과장이 아닌 진실임을 금방 알아차릴 것이다. 임대료를 기준으로 보면 이 별장들은 좋은 집이어야 하지만 실제로는 그렇지 못하다.

안정적인 소득이 있고 취향에 자신이 있는 사람들을 제외한 모든 사람은 사적 영역이라는 이상을 위해 소소하지만 끊임없이 노력했고 실현되지 않을지언정 그에 대한 열망을 놓지 않았다.

19세기 후반 영국에서 가정용 배관이 점진적으로 도입

되면서 새로운 문제가 생겨났다. 처음부터 별도의 변기와 욕실을 짓는 경우가 아니라면 개인의 독립적인 화장실 사용을 위해 어떤 방에 어떤 방식으로 파이프를 설치할 것인지 정해야 했다. 이런 측면에서 본다면 당시 사람들은 100년 전과 그리 다른 생활을 하는 게 아니었다. 집 바깥에 화장실을 두고 물도 바깥에서 떠왔으므로 이웃과 협력하고 또 갈등할 수밖에 없었던 것이다.

따라서 훌륭한 개인 주택이란 손님 방문이나 결혼식과 장례식 같은 의식을 위해 마련된 여분의 공간이 있는 집이었다. 장인들이 거주하던 연립주택의 응접실은 가구가 지나치게 많고 사용 빈도가 낮았으며 중산층 가정의 응접실은 널찍하고 우아했다. 어찌됐든 둘 다 가족의 생활이 이뤄지는 영역 안에 사적 영역을 끼워 넣은 것에 가까웠다.

결국 이렇게 명확하게 정의된 사적 영역과 공적 영역 사이의 전환을 관리하는 과제가 남았다. 여기서는 지역과 계층과 성별에 따라 현저한 차이가 나타났다. 시골에서는 사생활을 위한 주거환경이 개선되는 속도가 거의 느껴지지 않을 정도로 느린 대신, 집을 둘러싼 정원과 도로를 계속해서 이용할 수 있었다. 19세기 후반에 옥스퍼드셔에서 어린 시절을 보낸 시인 플로라 톰슨Flora Thompson은 자전적 소설 《캔들퍼드로 가는 길Lark Rise to Candleford》을 통해 좁은 공간에서 아이들이 어떻게 생활했고 얼마나 불편했는지를 다음과 같이 설명했다.

침실이 두 개보다 많은 집은 없었으므로, 남자아이들과 여자아이들이 모두 10대가 되면 생활에 어려움이 생겼다. 한 명이라도 집을 떠나면 남은 사람들에게는 공간이 조금 더 생겼다. 집안의 손위 남자아이들이 자라기 시작하면 두 번째 침실은 남자아이들 방이 되었다. 큰 남자아이들과 어린 남자아이들이 그 방에서 비좁게 지냈고, 아직 집에 남은 여자아이들은 부모와 같은 방에서 자야 했다. 품위에 대한 나름의 기준은 있었으므로, 부모 침대와 아이들 침대 사이에 장막이나 커튼을 쳐서 칸막이 역할을 하게 했다. 그러나 그것은 기껏해야 임시변통이었으므로 비좁고 짜증 나고 불편했다.

그러나 다행히 아이들에게는 바깥세상이 존재했다. 이렇게 아이들이 마을과 마을 인근의 들판을 쏘다닐 때는 어른들의 비밀 얘기를 여기저기서 들을 수 있었다. 아이들이 대화를 들을 거라는 의식이 없었으므로 어른들은 아이들 앞에서 자유롭게 뒷담화를 했다. 모든 집은 아이들에게 열려 있었고 그 아이들의 집 또한 모두에게 열려 있었기 때문에 아이들의 예리한 귀를 피해가는 일은 많지 않았다.

영국의 북부 공업지대 소도시에서는 조금만 걸으면 시골로 나갈 수 있었지만 어쨌거나 가난한 노동계급은 집에 딸린 정원을 잃어버렸다. 특히 런던에서 그런 일이 많았다. 19세기 후반에는 소수의 특권층만이 작은 앞마당을 가질 수 있었고 이웃들의 생활이 내다보이는 연립주택을 꿈꿀 수 있었다. 중산층 아이들은 더 이상 거리에서 자유롭게 뛰어놀지 못했고 그만큼 아이를 집 안에서 돌봐야 하는 어머니는 바깥 활동에 점점 많은 제약을 받았다.

여성들에게는 사전에 신중하게 계획된 사교 활동이나 장보기 외에도 집 밖에서 활동할 기회가 없는 건 아니었다. 다양한 자선 활동, 특히 가난한 사람들의 집을 찾아가서 살림과 가족 돌봄에 관해 조언을 해주는 활동에서 여성들은 답답한 일상의 출구를 찾았다. 가난한 집 주인들은 집안의 프라이버시를 지킬 수 없다는 불안 때문에 문지방을 최대한 방어하려고 애썼지만, 그럼에도 외부인을 받아들이면 그 대가로 실제적인 봉사를 요구했다. 이러한 가정 방문은 존경받는 주부의 역할이 확대되는 셈이었고, 가족을 돌보는 일에 방해가 안 되는 선에서만 이루어졌다.

전화와 편지의 프라이버시

사적 영역이 물리적으로 제한될수록 특히 여성에게는 가상 프라이버시의 영역이 중요해졌다. 앞서 살펴본 바와 같이 중세 후기부터 편지는 관계에서 중요한 수단으로 이용되었다. 18세기 말에는 사회의 중산층에 속하는 사람들도 우편을 이용하는 것이 보편적인 일이었다. 배달 후 요금을 지불하는 페니 포스트가 영국의 모든 도시로 확산되자 개혁론자들은 최초의 전국 단위 통신 시스템을 만들 수 있겠다고 확신했다.

페니 포스트를 더 발전시키자는 이런 주장은 프라이버시 향상을 위해 국가를 압박한 최초의 사례였다. 1837년에서 1838년 사이 사회 개혁가인 롤랜드 힐Rowland Hill의 페니 포스트 확대 계획을 공식적으로 지지했던 선정위원회는 가난한 노동계급이 서신 교환을 통해 네트워크가 넓어지는 것에 대한 이점을 다각도로 증언했다. 한 증인은 "가난한 사람들도 인류 공통의 애정을 가지고 있기 때문에, 조금만 시간이 지나면 그들도 멀리 떨어진 친구나 친척들과 교류하는 데서 얻는 즐거움을 누리게 되리라고 저는 확신합니다"라고 말하기도 했다.

직업의 변화와 도시화로 노동계급이 시골에서 도시로, 도시에서 도시로 이동하는 경우가 늘어나면서 그들이 고향을 떠나 원거리에서도 가족과 친밀한 관계를 유지할 수 있도록 해야 사회의 응집력과 경제 규모가 커지고 나아가 정치 질서까지 유지하기가 쉬워질 것이었다. 롤랜드 힐의 캠페인은 값비싼 혁신으로 이어졌고 그 혁신에는 사적인 교류에 공적인 교육이라는 축이 더해졌다. 국가는 초등학교와 저렴한 우편 시스템에 자금을 동시에 투입해야 했다. 문해력이 향상되면 편지를 읽고 쓰는 일이 쉬워지고 그러면 자연스럽게 학교 교육에 대한 수요를 만들어낼 것으로 간주되었다. 초기 반응은 실망스러웠지만 개선된 시스템은 지속적인 성장을 이뤄낼 수 있다는 사실을 입증했다. 19세기 영국의 1인당 편지 발송량은 8통에서 60통으로 증가했는데, 이는 신흥 경쟁국인 독일보다 두 배 빠른 증가율이었다.

한편 안정적인 우편 서비스는 연인 관계를 유지하는 데 꽤 큰 도움을 주었다. 밸런타인데이에 연인들이 손으로 만든 선물에서 돈으로 산 메시지를 주고받기 시작하면서 2월 14일에 우편물이 급증하는 현상은 19세기 말기부터 나타났다. 밸런타인데이 우편을 받는 연인들은 요금을 낼 의무에서 해방되자 우편물의 양은 더욱 늘어났다. 1850년 밸런타인데이에 찰스 디킨스Charles Dickens는 마운트플레전트에 위치한 런던 중앙우체국의 내부를 창밖에서 들여다보면서 "언어로 만들어진 나이아가라 폭포처럼 계속 쏟아져 들어오는 저 수많은 열정적인 단어들을 저렇게 조용히 받아들이면서도 한 방울도 남기지 않는구나"라고 감탄했다.

페니 포스트가 도입될 무렵 영국에서는 전신이 개발되는 중이었다. 평론가들은 전신을 이용해서 시간과 거리를 뛰어넘을 수 있다는 점에 흥분했다. "편지가 우리의 일상생활과 얼마나 깊이 연관되어 있는지를 모르는 사람은 없다." 유럽의 발달에 관한 초기 연구에 나오는 말이다. "그러나 모든 사교적, 상업적 교류가 전신으로 이뤄지는 시대가 다가오고 있다. 우체국을 통해 보내는 편지는 전선에 맡겨진 메시지를 한 번 더 확인하는 역할만 한다."

1840년대 후반에 영국 전역에 전신 네트워크가 구축되었고 1852년에는 파리로 이어지는 최초의 국제 연결망이 구축되었으며, 몇 번의 실패 끝에 1866년부터는 대서양을 가로지르는 케이블이 운영되었다. 일부 기업들과 신문사, 통신사가 전신 서비스를 이용했다. 서로 다른 나라들 사이에 시간을 표준화할 수도 있게 되었다. 하지만 전신은 디지털 혁명과 유사한 점이 많아 보였음에도 빅토리아 시대의 인터넷이 되지는 못했다. 19세기 말까지도 사회적 교류는 여전히 말과 문자로만 이루어졌다. 역사학자 리처드 존 Richard John의 설명에 따르면, 시간과 거리의 제약이 훨씬 컸던 미국에서도 전신은 여전히 상인, 국회의원, 언론인과 같은 일부 고객층을 위한 특별한 서비스였다.

전신의 사용에 가장 큰 제약은 비용이었다. 이제 영국 내에서는 거리에 구애받지 않고 사실상 무제한으로 우편 메시지를 보낼 수 있었고 1874년 이후로는 다른 나라로 우편을 보내는 것도 가능해졌지만 전신은 단어와 마일 단위로 요금을 청구했다. 당시 영국 노동자의 일주일 소득이었던 13실링으로는 런던에서 브리스톨까지 고작 20단어짜리 메시지를 보낼 수 있을 뿐이었다. 두 번째 제약은 비밀 유지에 있었다. 봉투 안에 신중하게 넣고 봉한 편지는 정부의 영장이 있어야만 열 수 있었지만 전신을 보내려면 전송되는 내용을 교환원이 모두 읽어야만 했다. 교환원들은 모든 전신, 사업 및 기타 문제와 관련해서 철저한 보안을 유지하라는 명령을 받았지만 정부와 기업인들은 민감한 내용을 전보로 보내는 것을 불안해했다. 이에 따라 전신의 직접적인 영향으로 메시지를 암호화하는 관행이 부활했다. 전신의 역사에 따르면 메시지를 감추기 위해 더 많은 노력을 투입한 결과로 오늘날의 암호학이 만들어졌다.

    19세기의 혁명적 발명인 전화의 경우, 기대치는 높았지만 개인들의 사용률은 낮았다는 점에서 비슷한 경로를 그렸다. 전화를 사용하려면 양쪽 다 가입자여야 했으므로 비용이 큰 걸림돌이 되었다. 결국 가정에 회선을 설치할 여유가 있는 소수의 가입자에게 통화를 무제한으로 허용하고 높은 액수의 정액 요금을 부과하게 된다. 최초의 특허가 나온 지 20년 후에 이뤄진 의회 조사에서는 매년 일정한 금액을 지불할 만큼 부유하고 그 정도 액수를 지불하는 것이 자신에게 유리하다고 생각할 정도로 전화를 자주 사용하는 사람들 그리고 비슷한 금액을 지불하고 똑같이 전화를 자주 사용하는 상대와 통화하는 사람들만 이런 방식의 통신을 활용할 수 있다는 설명이 제시되었다.

    전화 역시 교환원의 존재가 기밀 유지에 위협이 되었으며 초창기에는 전화선 너머로 잡음이 발생해서 큰 소리로 통화해야 했으므로 주위에서 엿들을 위험도 다시 커졌다. 미국에서는 고립된 농가들을 연결할 수 있는 전화 발명에 대해 열광적이었지만 초기에는 도청에 대한 우려도 제기되었다. 기술적으로 전화는 문해력이 없어도 사용 가능했지만 전화를 건 사람에게 집안의 프라이버시가 노출되지 않도록 예의범절에 신경을 써야 했다. 전화를 받는다는 것은 예고 없이 찾아온 방문객에게, 어떤 경우에는 상인에게 현관문을 열어주는 것과 같았다.

　새로운 기술은 가상 프라이버시 영역에 획기적인 발전을 안겨준 것이 아니라 가정이 극단적인 위기에 처한 경우에만 서비스를 사용하던 과거 시대로 회귀시킬 것 같은 우려를 주었다. 그런 이유에서 가정의 울타리를 넘어서는 소통에 대한 불안은 이전 세기와 다를 바 없었다. 페니 포스트는 서신 전달에서 말을 주고받는 과정을 없애도록 설계되었다. 우체통이 세워지고 집집마다 현관문에 우편함이 설치되자 편지를 보낼 때 우체국장과 대화를 나누거나 우편배달부와 요금을 협상할 필요가 없어졌다. 도로 표지판과 집의 번지수는 수취인의 주소를 문의하는 수고를 덜어주었다.

　하지만 사람들의 편지 사용량은 많은 데 비해 문해력은 그에 미치지 못했으므로 여럿이 함께 편지를 쓰거나 읽는 일은 여전히 필요했다. 편지 쓰기에 관한 지침서가 많이 출간되면서 일찍이 제기되었던 서신 교류의 본질적 불안정성에 대한 경고가 더 많아졌다. 1876년의 한 지침서는 편지는 언제나 잘못 전달될 위험이 있음을 기억하라고 경고한다.

　아내와 나이가 찬 자녀들이 우편을 몰래 사용하는 일도 어렵지 않았으므로 가장의 권위에 대한 위협은 더욱 커졌다. 무엇보다 눈앞에 없는 대화 상대를 상상하기란 여전히 어려웠다. 미국의 문화 비평가 로런 벌런트Lauren Berlant는 서신의 문제점은 맥락이 없는 대화, 친밀감이 없는 친밀함이라고 지적한 바 있다. 편지 쓰기는 예의바른 의사 표현의 한 형태로서 계속 강조되고 있었지만 언어로 의사를 잘 전달하기 위한 가이드는 없었다. 그럼에도 가상 프라이버시의 영역은 계속 확장되고 있는 것이 분명해졌다. 제복을 입은 우편배달부가 날마다 오가는 동안 최초로 국가 전체의 서신 물량을 집계하는 것이 가능해졌기 때문이다. 동시에 끝없는 불확실성도 계속 존재했다. 편지를 쓸 때는 눈앞에 없는 얼굴을 향해 말을 걸어야 했고 회신이 오지 않을 가능성에도 대처해야 했다.

타인에 대한 위험한 호기심

프라이버시의 목적은 배신의 가능성에서 비롯된다. 내밀한 정보에 대한 보호와 침해는 아이러니하게도 상호 시너지가 나는 관계였다. 숨겨진 정보가 많을수록 이를 폭로하려는 욕구는 커졌고 위험이 클수록 정보를 둘러싼 벽은 두꺼워졌다. 19세기에 프라이버시가 현대적 성격을 띠게 된 원인은 은둔에 대한 욕구가 아니라 공개와 은폐의 변증법이었다.

공개와 은폐 사이의 긴장감은 런던에서 돌풍을 일으킨 연극 〈폴 프라이〉의 유명한 대사에 담겨 있었다. "내가 방해하는 게 아니길 바라"라는 이 대사의 이중 부정은 사람들이 프라이버시에 대한 공격에 예민해졌다는 사실과 타인의 사생활에 호기심을 느끼며 즐거워하는 감정을 동시에 표현한다. 연극의 마지막 부분에서 폴 프라이는 너무 많이 캐묻는다는 이유로 여자 주인공에게 접근을 거부당하자 크게 분개한다. "탐구 정신은 우리가 사는 시대의 훌륭한 자질인 것을!"이라고 폴 프라이는 외친다.

호기심이라는 개념에는 파괴적인 면이 다분했다. 호기심은 폐쇄성에 대항하는 개방성, 위계질서에 대항하는 이성, 위선에 대항하는 도덕을 대변했다. 호기심은 자유주의 정치의 발전에 반드시 필요한 요소였다. 자유주의 정치는 시민들이 자신들의 자유를 둘러싼 상황에 관해 스스로 질문을 던질 것을 요구하기 때문이다. 무엇보다 호기심은 새로운 지식을 발굴하든 기존의 악덕을 폭로하든 간에 정보 획득의 기쁨과 에너지를 한꺼번에 전해주었다. 호기심은 오락, 픽션, 언론, 정치 등 호기심을 표현해서 만족을 얻거나 의혹을 전파해서 돈벌이를 할 수 있는 모든 영역에 퍼져나갔다.

1820년대 초에 정점에 달했던, 런던의 은밀한 모습을 공개한 안내서에도 새로운 변화가 요구됐다. 우선 합법적인 탐사의 범위를 더욱 확실하게 정할 필요가 생겼다. 이후 반세기 동안 계속 출간된 간행물에서 각색된 폴 프라이는 개인의 인격이나 사생활을 비방하지 않고 거대한 도시로 성장한 런던에 몰려드는 온갖 사기꾼들을 대담하고 남자다운 방식으로 노출시킴으로써 대중적인 명성을 얻겠다고 약속한다.

19세기 중반 언론은 전문직으로서 새로운 정체성과 영향력을 획득하는 중이었다. 그러나 점점 다양해지는 일간지와 주간지의 편집자들은 일관성 있는 윤리적 기준을 확립하기 위해 경찰보다 훨씬 길고 불완전한 여정을 거쳐야만 했다. 공적 영역에 있는 언론이 정부에 책임을 묻고자 하는 한편에서 저급한 황색언론이 사건이 발생할 때마다 소송을 걸어 검찰을 귀찮게 했다. 급성장하는 포르노 시장과 밀접한 관계를 맺고 있던 몇몇 기업가는 개인정보를 활용하여 돈 버는 방법을 알아가던 터였다.

그 기업가들은 확인되지 않는 뒷담화를 활자화하는 방법으로 수익을 얻었다. 19세기 도시에는 사람들의 음란한 호기심을 충족시키는 방법에도 변화가 일어났다. 사실 이웃의 수치스러운 행동을 폭로하는 것만으로도 문제가 되는 일이었다. 작가 페르디난드 슈먼Ferdinand Schoeman은 사회적 관행이 된 가십에 대해 무제한의 청중을 대상으로 하지 않는다는 점에서 이는 사적 커뮤니케이션이라고 설명했다. 또한 프라이버시와 가십은 공개를 엄격하게 제한한다는 공통점을 지닌다고 덧붙였다.

1페니짜리 주간지들은 사기꾼의 신상을 공개하는 것과 사생활 침해 사이에 아무런 기준이 없다는 것에 박수를 치며 마구 기사를 발행했다. 1856년에 발행된 신문《폴 프라이》는 다음과 같이 아주 고상한 동기를 가지고 시작했다.

사회를 풍자하는 작가들이, 오늘날 불행히도 행동의 주된 원인이자 동기가 되고 있는 거짓과 사기, 방종과 음란함을 폭로할 때가 왔다. 따라서 정치적, 사회적, 도덕적 진보의 열차를 인도하는 것을 우리의 과제로 삼으려 한다.

《폴 프라이》가 음식에 불순물을 섞은 사건, 대부업체의 행태, 여성 전신 교환원들에 대한 성희롱 혐의와 같은 스캔들을 공격한 것은 정당했다. 그러나 1면에 실린 기사는 루이 나폴레옹의 불륜 상대가 쓴 비밀 회고록이었고, 다음 면은 훨씬 평범한 지역 주민의 방종한 행위에 대한 것이었다. '브라이튼 거리, 아가일 스퀘어에 사는 S-t-l-s 부인은 남편이 잠시 자리를 비운 사이에 빌과의 정사를 중단했다. 기혼 여성이 미덕이 깃든 폭신폭신한 침대를 포기한 것은 매우 부적절한 일이다.'

《폴 프라이》는 매주 전국 각지에서 수집한 가십을 실었는데 지명은 공개하고 개인의 행각을 소개할 때는 신상을 아주 조금만 바꿨다. 특정한 지역에서 돌고 도는 이야기가 전국의 독자를 매료시킨 셈이었다. 《폴 프라이》의 경쟁 상대였던 싸구려 정기간행물은 윤리 기준과 관계없이 개인의 가십거리를 궁금해하는 독자들이 있다는 사실을 너무도 잘 알고 있었다.

이러한 가십의 수익화는 반대로 사생활의 비밀을 지켜주는 것을 내세워 돈을 벌게 해주었다. 편집자들은 사람들에게 그들의 악행을 싣지 않은 대가로 돈을 요구했다. 그리고 사람들은 지역 신문에 제보하지 않는 조건으로 이웃에게 돈을 뜯어냈다. 폭로는 협박으로 바뀌었고 언론인들은 법정에 서게 되었다. 결국 가정의 비밀을 보호하기 위해 법이 개정되었다. 1843년에 개정된 명예훼손법 제3조는 이른바 '폴 프라이 사건'을 직접 겨냥한 것이었다. 법안에는 다음과 같이 명시되어 있었다.

> 금전이나 금전의 담보, 귀중품 등을 갈취할 목적으로 타인에 대한 비방을 출판하는 자 또는 출판하겠다고 직간접적으로 협박하는 자 또는 타인에 관한 사항 또는 물건을 인쇄 또는 출판하지 말라고 직간접적으로 제안하는 자는 경범죄로 3년의 징역에 처한다.

1857년에는 언론과 음란물을 분리하기 위해 음란간행물법이 제정되었다. 사회악근절협회의 요청에 따라 법원은 저속한 정기간행물을 폐간하고 편집자를 구속했다.

물론 타인의 삶의 결함에서 기쁨을 느끼는 것은 하층민에게 국한된 현상은 아니다. 중산층 이상의 사람들에게도 새 소식 내지는 소문에 대한 욕구가 점점 커져 은둔을 방해하곤 했다. 역사학자 데버라 코언Deborah Cohen은 빅토리아 시대 가정이 유지되는 데 외부와의 소통을 차단하는 것이 중요한 역할을 했다는 점에 주목했다. 비밀 유지는 가정의 프라이버시를 지키는 데 반드시 필요했다. 사생아 출산, 걸핏하면 부자연스러운 범죄를 저지르는 아들, 자살, 정신이상, 간통, 파산 등 가족의 평판에 영향을 미칠 수 있는 온갖 수치스러운 일들은 세상에 알려질 경우 법적 불이익과 사회적 경멸을 초래할 것이기 때문이었다.

법의 역할은 양면적이었다. 피고가 사적인 재산 중에 가장 값비싼 재산인 '사생활'을 훔쳤다는 이유로 여왕과 앨버트 왕자가 제작한 동판화의 무단 출판을 금지한 1835년의 판결처럼, 법은 미세 조정을 통해 사적 영역을 보호하기도 했다. 하지만 법원은 프라이버시를 물리적 재산권과 별개의 권리로 확장하여 판단하지는 않았다. 그 대신 가정사라도 공적 영역과 접점을 지니고 법적 절차를 거친 사건이라면 언론이 외설적인 부분까지 자세히 보도할 자유를 인정했다.

품격 있는 신문들이 수많은 독자를 확보해가던 시점에

제정된 1857년 혼인원인법Matrimonial Causes Act은 가정 스캔들의 무궁무진한 원천을 제공했다. 처음으로 이혼 절차의 정식 법적 근거가 마련되었고, 법 제정 이후 2년 동안 이혼한 부부가 지난 100년간 이혼한 부부보다 많았다. 소송 당사자들이 성범죄를 비롯한 불법 행위에 노출되는 것을 예방하기 위해 이혼의 세부 사항은《더 타임스》와《데일리 텔레그래프》의 칼럼난에 의무적으로 공개되었다.

결혼 파탄에 대한 대중의 관심은 사생활의 복잡성과 환원 불가능성에서 비롯되었다. 불륜은 단일한 행동이지만 다양한 형태로 확산된다. 이런 종류의 호기심은 19세기에 국가가 시민의 삶에 두드러지게 관여했던 것과 극명하게 대조된다. 1830년대 통계 활동이 증가하면서 이런 움직임은 더욱 빨라졌고 각국 정부는 국민의 생활과 사망에 관한 정보를 수집하고 발표하기 시작했다. 결혼과 출산처럼 가정이라는 폐쇄된 영역의 활동들을 이제는 국가가 체계적으로 조사했다.

등기소 설립 등 각종 통계 수집 활동을 정치적으로 정당화하는 논리는, 수치화된 증거에 기반하여 입법을 준비한다는 것이었다. 증거에 기반한 입법은 산업화와 도시화가 진행되는 사회의 갖가지 문제에 대한 정부의 개입을 수치화하는 수단이기도 했다. 예컨대 한 나라의 읽기 및 쓰기 능력과 같은 복잡한 사항을 하나의 표로 나타내거나 지속성 있는 시계열로 표현할 수 있다는 점은 상당히 매력적이었다.

'숫자 폭탄'을 주도하는 힘은 수치가 인간의 주장보다 우위에 있다는 신념에 있었다. 정확하게 기록된 세부사항으로부터 객관적 사실을 도출하는 것이 경제와 사회의 미래에 관한 시끄러운 논쟁보다 낫다고 여겨졌다. 그러나 통계 활동의 대상자, 그중에서도 빈곤층과 범죄자와 문맹자들은 자신들이 어떤 범주로 분류되는지를 스스로 통제할 수 없었다. 표에 기록되는 부랑자와 자격 있는 빈민, 법을 준수하는 자와 법을 위반하는 자, 무지한 자와 교양 있는 자의 이분법적 구분은 대다수 인구가 그럭저럭 살아가던 당대의 현실과는 별다른 연관이 없었다. 그런 의미에서 숫자와 숫자를 기반으로 이뤄진 각종 입법 개혁은 가족의 경제생활과 행동 관리에 대한 허구적이고 이념적인 개입이라는 비판을 피하기 어려웠다.

그럼에도 불구하고 이러한 국가 체계의 성장에 '감시'라는 두루뭉술한 표현을 적용할 때는 주의가 필요하다. 관리들은 개인의 신원과 이력에는 관심이 없다. 인구조사 서류는 조사원들이 정확한 정보를 수집했는지를 검증하기 위해 이름과 주소만을 요구했다. 인력이 부족했던 등기소는 수많은 가구 및 가구 구성원들을 추적할 능력도 없었고 의지도 없었다. 등기소의 사업은 등기와 관련된 표준화된 속성 외에는 시민들의 그 어떤 정보도 알 필요가 없었다.

19세기가 끝날 때까지 법을 준수하는 성인 세대주들은 현관문 뒤에서 익명으로 안전하게 지냈다. 경찰이 들어가려면 영장이 필요했고 자선 목적으로 방문한 사람들도 허락을 받아야만 집 안으로 들어갈 수 있었다. 유일한 예외는 어린이였다. 1853년에 제정된 예방접종 확대법은 예방접종을 한 유아들의 이름을 등록하도록 했고, 1889년에 제정된 아동학대 방지 및 아동보호법은 아동 학대의 위험이 있다고 의심되는 가정에 당국자가 출입할 권한을 허용했다.

정부의 권위란 사적 영역에서 정부가 의도적으로 손을 떼는 것으로 시작된다. 19세기에는 국가가 국민을 감시할 권한을 공개적으로 부인한다는 입장이 확립되면서 국가 권위와 시민의 권리 사이에 균형이 유지되었다. 그러나 프랑스 혁명군이 등장하고 최초의 계급 투쟁이 시작된 시대에 이러한 이성적 담론에 국가 안보를 맡기기는 너무 위험했다. 각국 정부는 계속해서 스파이를 보내고 서신을 검열했다. 마침내 1844년 내무장관이었던 제임스 그레이엄 경 Sir James Graham이 오스트리아 정부의 요청으로 런던에 머무는 이탈리아 망명자들의 우편물을 열어본 사실이 발각되어 정치적 스캔들의 중심에 놓였다.

17세기 이후 민간 배달부가 등장하여 공식적인 우편 배달의 비싼 비용을 대체하면서 통신에 대한 국가 독점이 약화되었으나, 1840년 페니 포스트의 설립으로 국가는 다시금 통신을 독점할 수 있었다. 모든 편지는 우체국을 통과해야 했고 국가 안보가 위태롭다는 주장이 제기될 경우 편지가 검열당할 수 있다는 사실이 드러나면서 가상 프라이버시의 취약성과 제한적인 시민 자유에 대해 관심이 집중되었다.

더 넓은 범위에서 본다면 대중의 격한 반응은 정부가 아무 입장도 표명하지 않는 것에 대한 답답함에 있었다. 영국은 공적 보안에 관한 논의를 거부한다는 의회의 교리를 오늘날까지도 거의 그대로 유지한다. 정부는 자신이 한 일을 인정하지도 않고 하지 않은 일을 부정하지도 않는다. 그레이엄 경의 전기 작가는 그 결과를 다음과 같이 설명했다.

> 마치 캄캄한 어둠 속에서 한순간 성냥불이 켜진 것과 같았다. 지금까지 한 번도 보지 못했던 불확실한 형태의 공포가 드러나자 놀란 군중은 곧바로 그 일에 관해 아무 말이나 쏟아냈고, 나중에는 거대한 감청 시스템을 상상했다. 그런 시스템은 현실이 아니

라는 평범한 설득만으로는 대중의 머릿속에서 그 생각을 떨쳐낼 수가 없었다.

당시에 폭발적 반응을 얻었던 G. W. M. 레이놀즈G. W. M. Reynolds의 연작 소설《런던의 미스터리The Mysteries of London》의 줄거리는 강력한 권한을 가진 익명의 검사관이 우체국 본부의 '검은 방'에서 편지를 열어보다가 상류층의 숨겨진 가정사와 관련된 사실을 알게 된다는 것이었다.

벤담의 개혁 의제는 소설 속에서 생생하게 표현되었고 감시에 관한 벤담의 견해는 1844년 그레이엄 경의 스캔들로 촉발된 논란 속에서 되살아났다. 레이놀즈의 소설 속 검사관은 벤담이 상상했던 감시탑 안의 교도소장을 변형한 인물이다. 정보 기술에 의한 사생활 침해를 둘러싼 현대의 논쟁에는 '모든 것을 보는 눈'이라는 상상이 녹아 있다. 세속적인 불안을 종교적 감성으로 순화시킨 전지전능한 그림자는 논쟁이 전개될 때마다 단골로 등장하는 소재였다.

19세기가 끝나갈 무렵, 프라이버시에 관한 가장 영향력 있는 논문이 발표되었다. 워런과 브랜다이스가 1890년《하버드 로 리뷰》에 발표한〈프라이버시의 권리〉는 판결 및 입법의 대혼란 속에서 새로운 법적 권리를 모색했다. 20세기와 21세기 초에 프라이버시에 관한 대중의 우려가 커지면서 이들은 프라이버시 논쟁에서 뚜렷한 단층선을 형성했다. 한편으로 그들은 '폴 프라이 사건'의 뒤를 이어 대중매체가 가정의 영역을 공격적으로 침범하는 일에 항의했다.

워런과 브랜다이스의 항의는 단순한 편견이 아니었다. 당시 시장의 수요를 주도하던 삶의 목표 없는 대중의 관심을 끌기 위해, 언론은 칼럼을 시시한 가십으로 채워야 했고, 그 가십은 가정의 사적인 영역을 침범함으로써 얻어졌다. 워런과 브랜다이스의 표현에 따르면 사생활과 가정생활의 신성한 영역을 보호하는 데 문제가 생긴 것이었다. 그들의 논문은 워런이 딸을 위해 마련한 결혼식 조찬에 《보스턴 새터데이 이브닝 가제트》가 불청객처럼 침입한 사건을 계기로 시작되었다. 친밀한 지인만 초대한 프라이빗한 가족 행사였는데 그 행사가 시끌벅적한 대중오락으로 해석되면서 폄훼되고 행사의 취지도 부정확하게 전달되고 만 것이다.

워런과 브랜다이스의 또 다른 우려는 개인들이 소통하고 교류하는 것을 거부하는 경향이었다. 워런과 브랜다이스는 문명의 발달로 삶이 점점 더 복잡하고 어려워짐에 따라, 개인이 세상으로부터 일정 부분 떨어져 있을 필요가 생겼다고 주장했다. 사람들이 남에게 공개되는 것에 더욱 민감해졌으므로 고독과 프라이버시는 개인에게 더욱 필수 요소가 되었다고 주장했다. 이러한 반응의 뿌리에는 오래된 개인 기도와 성찰이 있지만 이제 개인은 신과 대화를 나누지 않았다. 대신 다른 사람들과 어울리지 않음으로써 진정한 자아를 찾고 있었다.

중요한 것은 균형이다. 홀로 걷기의 선구자였던 윌리엄 해즐릿은 자신의 사회적 존재감을 거부하려고 했던 것이 아니라 오히려 충전하기 위해 홀로 여행하고 걸으며 성찰했던 것이다. 그는 홀로 걷기를 시작한 후에도 일하는 시간의 대부분을 극장이라는 가장 시끌벅적한 장소에서 보냈다.

19세기에 가족은 프라이버시를 실천할 때 야기되는 갈등을 억제하는 역할을 했다. 개인은 결혼을 하면서 자신의 정체성을 찾았고 가족은 신앙생활의 기본 단위로서 매우 중요하게 여겨졌다. 부유한 사람들은 도서실, 옷방 그리고 나중에는 자물쇠 달린 욕실과 화장실까지 갖추게 되면서 사람이 북적이는 집에서 받는 압박을 덜어냈지만 그렇다고 완전히 없애지는 못했다. 사람들이 북새통을 이루고 대중매체가 확대되는 상황에서도 대화와 서신 교환을 비밀로 유지하려는 노력은 지속되었는데 이러한 노력에도 불구하고 프라이버시의 개념은 개인의 문제로 받아들여지기보다 주로 사회적 맥락에서 규정되었다. 그러나 '혼자 있을 권리'를 선언하는 순간 그런 타협은 어려워졌다.

'혼자 있을 권리'의 선언은 가족이라는 시끄러운 세계, 사람들이 쏟아져나오는 거리라는 개방된 세계가, 개인이 귀중하고 중요하게 여기는 사적 영역을 침범하는 적이라는 뜻이었다. 워런과 브랜다이스에게 있어 보호가 필요한 정보는 친밀함이 아니라 고립의 속성을 띠는 것이었다.

4

전쟁이 개인의 사생활에 끼친 영향

영국의 전 내무부 장관 앨런 존슨Alan Johnson은 노팅힐 빈민가에서 보낸 어린 시절 이야기를 책으로 펴냈다. 여느 국회의원 자서전과 마찬가지로 정치인이 되기까지의 과정을 담아낸 《이 소년This Boy》은 그해 논픽션 출판계의 화제작이 되었고 엄청난 판매량을 기록하면서 비평가들의 칭찬과 문학상까지 받았다.

이 책에서 가장 눈에 띄는 특징은 역사에 대한 고정관념을 확실히 깨뜨린 것이었다. 장관까지 지낼 정도로 정치 커리어에서 전성기를 보내고 있는 남자가 19세기 찰스 디킨스 소설에나 나올 법한 어린 시절을 회상하기 때문이다. 존슨은 1948년 영국이 복지국가 체제를 갖춘 직후에 태어났지만, 그의 어린 시절은 눅눅한 오줌 냄새가 나고 해충이 들끓는 데다 수도와 부엌이 공동 사용인 단칸방을 전전하는 삶이었다.

존슨의 인생 이야기는 1950년대부터 개인을 위해 변화하기 시작한 사회 분위기와 충돌한다. 20세기 초부터 프라이버시는 공식적으로 정의되고 또 장려되었다. 1908년 아동법과 1918년 모성 및 아동복지법이 제정된 이후로 아동이 방임될 경우 국가의 개입이 정당화되었다. 집안에서 벌어지는 아동 성학대는 19세기 후반까지 공적 논의에서 제외되다가 1908년에 법제화되었다. 1919년부터는 개인들이 생활하는 건축 환경도 입법 대상이 되었다. 유럽의 다른 지역에서는 주거 환경에 관한 토론이 점점 많아지긴 했지만 공공이 자주 개입하지는 않았다.

제2차 세계대전이 끝나고 나서는 모든 참전국이 건강한 가정환경을 조성하기 위한 사회개혁에 착수했다. 이제 프라이버시는 비공식적인 열망에서 기본적인 기대로 바뀌었다. 1948년 세계인권선언은 누구도 프라이버시를 무단으로 침해당해서는 안 된다고 선언했으며 1950년에는 유럽인권협약에서 모든 사람은 자신의 사생활과 가정생활, 가정과 서신을 존중받을 권리가 있다고 선언했다.

그렇다면 20세기의 3분의 2가 지나가는 동안 프라이버시는 얼마나 현대적으로 발전했을까? 《이 소년》의 배경인 1950년대 전후 시대를 더 이야기해보자. 이 책은 프라이버시의 역사 속에 항상 존재했던 불균등한 개발을 상기시킨다. 한쪽에서 보면 빈민가 철거, 전쟁의 피해, 대규모 주택 건설 계획 등으로 전체 인구가 처한 상황이 비교적 균등해졌다고 할 만했다. 아무리 가난한 노동계급이라도 중산층이나 상류층과 극단적으로 다른 조건에서 생활하는 경우가 전보다 줄었다. 최저 주거 설계에 관한 공식적인 정의도 1918년에 제시되었고 1961년까지 변화를 거듭했다.

1차 세계대전과 2차 세계대전 사이 영국에서는 주택 400만 채가 새로 건설되었고 1945년과 1969년 사이에는 700만 채 가까이 건설되었다. 이에 따라 위생 및 보건 조사관도 늘어났는데 이는 정부가 20세기의 표준적인 가정환경을 지향한다는 의미였다. 물론 그럼에도 물질적 환경에는 계층별로 여전히 지대한 차이가 있었다. 1차 대전과 2차 대전 사이 노동계급 인구의 절반 정도는 건축 계획의 혜택을 받지 못했다.

1950년대 영국 주택의 3분의 1은 지은 지 80년이 넘었고 주택건설 프로그램이 시행되었음에도 1918년 이전에 지어진 주택의 3분의 1은 그대로 남았다. 전체 인구의 37%는 공동 욕실을 사용했고 20%는 집 안에 변기가 없거나 변기를 다른 가구와 함께 사용해야 했다. 결핍은 여전히 특정 계층에게 쏠려 있었다. 결론적으로 1950년대 초에는 100만 채에 달하는 가구가 '거주에 부적절하다'고 공식적으로 기록되었다. 근대 초기 중산층이 주거 환경에 투자하기 시작한 이래로 프라이버시의 경험은 개인의 부에 좌우되었으며, 전쟁 기간과 전쟁 직후에 불평등의 규모가 가장 컸다.

평범한 가정의 프라이버시가 지켜지기까지

두 자녀를 키우는 새로운 중산층 모델이 부상하면서 부모를 자녀로부터, 사춘기 소녀를 소년들로부터 분리해 방을 침실로만 사용하는 것이 가능해졌다. 그러나 이러한 사회적 변화에도 일부 노동계급 가족들은 500년 동안 거의 변하지 않은 열악한 주거 환경을 견뎌내고 있었다. 그들은 가전제품을 사용할 수 없었고 위생 환경은 튜더 왕조 시대 수준에 머물러 있었다. 추위를 막아줄 난방도 여전히 불가능했으며 특정한 실내 공간과 침대를 구비할 수도 없었다. 1913년 작가 모드 펨버 리브스Maud Pember Reeves는 노동계급의 주거환경을 조사하고 다음과 같이 기록했다.

> 가족이 8명으로 구성되어 있다고 가정하면 보통 침대 4개가 필요하다고 이야기할 것이지만 실제로 그 가족을 위한 침대는 2개다. 한 방의 2인용 침대에서는 아버지, 어머니, 갓난아기, 아이가 같이 자고 다른 방의 침대에서는 큰 아이들 넷이 같이 잔다. 간

혹 셋방에 사는 할머니가 아이 하나를 자기 침대로 데려가거나 셋방에 사는 아저씨가 남자아이 하나를 자기 침대로 데려가기도 하지만, 이렇게 네 명이 한 침대에서 자는 집이 적지 않다는 점에 주목할 필요가 있다.

20년 후 사회 개혁가 마저리 스프링 라이스Magery Spring Rice는 집안 내 공간 분리가 오랜 희망이었던 어느 주부의 고달픈 삶을 기록했다.

뒤쪽에 침대를 하나 놓고 두 딸을 재우고 아들을 재우는 다른 침대는 매일 낮에 내렸다가 밤에는 올려서 공간을 확보한다. 이 방에 음식을 두고 요리도 모두 여기서 한다. 다른 방에는 내 침대와 작은아들을 위해 내가 만든 침대 그리고 아기를 재우는 유모차가 있다.

이처럼 주택과 동네가 사회학 연구의 대상이 되는 일이 늘어나면서 사회학자들은 특정한 지역에서 발견한 특정 조건에 매료되곤 했다. 1950년대 후반, 사회학자 마거릿 스테이시Margaret Stacey는 빈민가의 흔적이 없는 미들랜드 남부의 밴버리라는 지역에 관한 상세 연구에 착수했다. 이 지역에는 오래된 중산층 주택, 신축 주택단지, 온갖 편의시설을 갖춘 시의회 영지 그리고 좁은 골목에 빽빽하게 들어선 연립주택이 있었다. 연립주택은 1914년 이전에 건설된 건물로 마을 인구의 3분의 1이 세를 내고 거주했다. 스테이시는 이런 집들의 상황을 다음과 같이 설명했다.

> 방으로 곧장 연결되는 현관문을 열면 바로 거리가 나온다. 어떤 집에서는 집 안을 통과해야만 뒷마당으로 갈 수 있는데 그 뒷마당을 여러 집이 함께 쓰기도 한다… 집 자체는 작다. 위층과 아래층에 방이 한 개 또는 두 개 있다. 가족의 생활은 혼잡하다. 예를 들면 방 하나짜리 집에서 만난 부부는 아이 셋과 함께 비좁게 생활하고 있었다. 이곳의 집에는 화장실도 없고 실내 변기도 없다.

연립 주택에 사는 사람들은 극빈층이 아니라 숙련된 노동계급 가정으로, 1918년 이후 가정의 사적인 영역에 대한 권리가 점점 강조되면서 다른 세기에 살았던 비슷한 지역, 비슷한 처지의 가족과 비교연구가 진행됐다. 욕구와 경험을 비교하면 프라이버시를 추구하는 사람들의 마음에 어떤 연속성과 변화가 있었는지 파악될 것이었다.

비교연구에서 도출된 첫 번째 결론은 현관문이 시대와 계급을 초월하여 의미를 지닌다는 것이었다. 1939년 마저리 스프링 라이스는《노동계급 아내들Working-Class Wives》이라는 사회과학 서적에서 '영국에서는 가족의 일체성을 지키려는 열렬한 소망과 함께 다른 가족이나 외부의 간섭으로부터 최대한 분리되려는 굳은 결심이 발견된다'라고 밝혔다. 가족의 부는 가족의 공통된 야망을 달성하는 것에만 영향을 미쳤을 뿐이다.

> 이것은 가난한 사람들만의 편견이 아니다. 담장이나 울타리나 난간으로 둘러싸이지 않은 정원은 찾아보기 어렵다. 정원은 눈에 띄지 않을수록 좋다. 자물쇠와 열쇠가 없고 대중으로부터 보호되지 않는 런던 스퀘어 가든 같은 곳은 거의 없다. 집집마다 호기심 많은 행인의 눈길을 효과적으로 차단하기 위해 창문에 커튼을 쳐놓았다.

집이 아무리 비좁아도, 가족이 공개된 거리에서 일을 하더라도 실내와 실외의 구별은 확실했고 실내와 실외를 가르는 경계의 중요성은 예민하게 인식되었다. 20세기 초

버밍엄의 빈민가에서 어린 시절을 보낸 작가 캐슬린 데이유스Kathleen Dayus의 이야기를 들어보자. 그녀에 따르면 집 안에서는 침대를 공동으로 사용했고 마당에는 악취가 풍기는 화장실과 모두가 일주일치 빨래를 하는 세면장이 두 개 있었다. 이웃들은 서로 돌봐주었고 상부상조하며 지냈다. 그럼에도 불구하고 데이유스의 어머니는 꼭 필요한 경우가 아니면 집에 이웃을 들이지 않고 외부와 거리를 두었다. 시끌벅적한 하루를 마친 후에 가족끼리 있을 때는 어머니가 항상 문에 빗장을 질러놓았다고 그녀는 회고한다.

20세기 영국의 사회조사기구였던 '매스 옵저베이션Mass Observation'은 1940년대 초의 생활환경에 대한 광범위한 설문조사를 통해 프라이버시에 대한 보편적인 욕구에 변화가 없다는 사실을 알아냈다.

현대 사회에서 프라이버시에 대한 욕구, 혼자만의 시간을 가지려는 욕구는 강력한 동기가 된다. 본 설문조사에서 사람들이 자기 집을 좋아하는 이유로 가장 많이 꼽은 세 가지 중 하나는 집이 '우리만의 공간이기 때문'이거나 '거리로 통하는 우리만의 문이 있기 때문'이었다. 거리에서 만나는 이웃이나 장을 보거나 시내로 나갈 때 만나는 사람들에 관해 어떻게 생각하든 간에 사람들은 집이 자기만의 공간이기를 바란다. 사람들은 집을 공유한다거나 출입문 또는 현관 앞마당을 공유하는 것을 싫어하며, 마당에 앉아 있을 때나 집 안에 있을 때 누군가가 자신을 지켜보는 것도 질색한다.

공영주택단지 내 집들의 한쪽 벽면이 옆집과 붙어 있는 대신 앞뒤로 독립된 마당을 두는 형식으로 설계된 것은 사생활에 대한 요구를 반쯤 실현한 것이었다. 사회 조사관들의 고민은 빈민가를 벗어나 공영주택단지에 산다는 만족과 다닥다닥 붙은 주택단지에서 '혼자만의 시간을 가지려는 욕구'를 어떻게 조화롭게 결합할 것인가였다.

1959년 사회과학자 마크 에이브럼스Mark Abrams는 지식인 중산층을 대상으로 하는 주간지 《리스너》에 기고한 〈가정 중심 사회〉라는 글에서 공영주택 건설과 전후의 소비 호황으로 수많은 가정이 더 안락해지는 현상에 주목했다. 그는 조사 결과를 바탕으로 집 밖의 활동이나 가족의 가치관 외에는 다른 가치에 관심을 점점 두지 않는 노동계급의 생활방식이 탄생했다고 결론 지었다.

사회학자 마이클 영Michael Young과 피터 윌모트Peter Willmott는 오래된 빈민 주거 지역인 베스널그린과 신흥 주택지구인 그린리에 관한 유명한 비교연구에서 같은 주제를 다뤘다. 영과 월모트에 따르면 가족만의 별도 주거공간에 대한 욕구는 두 지역 모두 같다. 베스널그린에서 괜찮은 환경이란 자기 집을 소유하는 것이었다. 이처럼 과밀한 주거지와 공유 시설을 벗어나고 싶은 갈망은 너무도 당연했지만 그럼에도 불구하고 그들이 또다시 공영주택으로 이사하게 된 사유 중에는 상실감이 있었다. 사회적 관계의 질이 눈에 띄게 낮아진 탓이었다. 단순히 이웃의 간섭에 덜 노출되고 고향 친척들과 멀어지는 등 사적 관계가 감소하는 문제가 아니었다.

이웃과의 관계는 직접 얼굴을 마주보지 않고 창문을 통해 유지되었다. 그들은 존중에 대한 욕구가 어느 때보다 강했지만, 살아 있는 사람들과의 실제 관계에서 개인적 존중을 기대하기 어려웠고 어떤 특정한 통념에 의해 부여된 다른 종류의 존중에 의존해야 했다. 그 존중은 자신을 둘러싼 소유물의 양과 질에서 비롯되었다.

프라이버시의 핵심은 사람들 간의 실질적인 상호관계가 아니라 그 관계 속에서 정보를 통제하는 힘에 있다. 현재 전통적 노동계급 공동체가 지닌 매력은 오랜 세월에 걸쳐 형성된 친숙함이다. 런던 도심지를 기준으로 볼 때 베스널그린은 이례적으로 안정적인 정서를 가진 동네였다. 베스널그린에 오래 살았던 주민들은 끈끈한 상호작용을 통해 그 지역의 사회경제적 지도를 유지하고 지속적으로 갱신하고 있었다.

영과 윌모트의 연구에 따르면, 새로 생긴 공영주택단지로 이사할 기회가 생겼을 때 젊은 사람들은 낯선 환경에서 새로운 네트워크를 형성하려고 했던 반면, 노인들은 불편한 점이 있더라도 자신이 잘 아는 지역에 머무르기를 선호했다. 영과 윌모트는 그런 이유로 그린리 역시 시간이 지나면 연구 진행 시점의 베스널그린과 비슷해질 것 같다고 인정했지만, 그럼에도 두 지역을 대조하는 연구는 철회하지 않았다. 아쉽게도 그들이 간과한 지점은 두 지역 간 자원과 권력의 차이였다.

빈민가 사람들은 주어진 환경을 최대한 잘 이용하는 재주가 있었지만 집안 상황의 노출을 관리하는 데는 한계가 있었다. 소비를 예로 들자면, 사람들이 공영주택에 입주하고 1950년대에 생활수준이 급격히 향상되면서 우선 장보기의 패턴이 달라졌다. 이전에는 거리마다 작은 가게가 있었고 가게 주인이나 손님이나 처지가 비슷했다면, 점차 대형 상점이 들어서면서 상점 주인과 손님 간의 개인적인 관계는 사라졌다. 주급이 인상되고 냉장고가 널리 보급되고 가정의 저장 공간이 늘어났으므로 매일 조금씩 필요한 생필품을 사러 갈 필요가 없어진 것이다. 무엇보다 빚을 내기 위해 계속 협상하거나 매주 전당포를 방문하지 않아도 되었다.

빚의 역사는 프라이버시의 역사와 밀접한 관련이 있다. 빚은 가정 경제와 외부의 간섭을 연결하는 핵심 고리다(물론 지금도 그렇지만).《고르지 못한 교육A Ragged Schooling》이라는 노동계급 자서전을 쓴 로버트 로버츠Robert Roberts의 이야기를 살펴보자. 1905년 작은 상점을 운영하던 집에서 태어난 로버츠는 부모님이 외상을 결정할 때 고객들에게 재정 상황을 세세하게 질문하는 모습을 지켜봤다. 잘못된 정보로 외상을 줘버릴 경우 작은 상점의 운영이 어려워지기 때문이었다. 직접적이든 간접적이든 간에 로버츠의 부모는 고객들의 자녀가 몇이고 자녀의 건강 상태가 어떤지, 부모가 술을 마시는지, 아버지의 수입이 얼마나 안정적인지, 다른 곳에 진 빚이 얼마나 되는지와 같은 정보를 수집해야 했다. 동네에서도 비슷한 척도를 가지고 어느 집이 전당포에 자주 가며 기본적인 생활용품의 값을 치르지 못한다는 정보를 통해 그 집의 경제적 어려움을 가늠했다.

신용의 미시경제가 쇠퇴하고 1954년 규제가 완화되면서 할부라는 새로운 형태의 빚이 생겨났다. 할부는 전후의 대표적 소비 품목이었던 자동차, 텔레비전, 가전제품을 구매하는 데 점점 많이 사용되었다. 이로써 1950년대와 1960년대 가계 부채 수준이 증가되었는데 양적인 측면만 봐서는 변화의 규모를 가늠하기 어려웠다. 법의 바깥에서 매주 10%의 이자를 받던 대부업 등 지역사회에서 폐쇄적으로 돈을 빌리는 경우는 공식 통계에 잡히지 않았기 때문이다.

1970년대 이후에야 소득 대비 부채 비율의 변화를 계산할 수 있게 되었다. 개인에 대한 감시라는 측면이 있었지만 개인의 대출 상환 능력에 대한 지표를 만드는 것이 목적이었다. 영국과 미국 모두 고객 신용도에 관한 정보를 기업에 제공하는 전국적인 네트워크는 이미 1820년대에 형성되었다. 경제의 복잡성이 커지고 채무자의 이동성이 증가한 결과였다. 로버츠의 부모가 그랬던 것처럼 이웃의 다층적인 감시의 눈길을 피하기가 쉬워지자 채권자 입장에서는 미래의 상환 능력을 예측하기가 어려워졌다.

19세기 영국의 상거래보호협회와 미국의 신용조사기관들은 개인의 정직성과 관련된 많은 정보에 비해 이를 분석하고 재가공하는 데 한계를 깨닫고 표준화된 모듈을 개발하려 했다. 그 결과 복장, 가족관계, 평판 좋은 조직과의 연관성 등의 외적 지표와 함께 공식적인 지표, 특히 법원의 요금 미납 및 파산 기록에 점점 의존하기에 이른다.

구두로 얻은 정보를 종이에 기록하고 이를 다시 서면 보고서로 재생산하면서 기록부는 해가 갈수록 방대해졌다. 맨체스터 가디언 상거래보호협회는 설립된 지 100년 후인 1926년에 매년 40,000건 이상의 서면 보고서가 공급되고, 창구를 통해 약 13,000건의 구두 보고서가 제공된다고 밝혔다. 때로는 전신을 통해 이런 보고서를 활용했다. 전신을 활용하면 빠른 의사결정을 원하는 기업고객에게 신속한 답변을 제공할 수 있었다. 전신을 통해 보고서를 보내려면 전송료가 높았으므로 이러한 정보 거래에는 웃돈이 붙었다.

1970년대 컴퓨터로 정보의 가공이 빨라지기 전까지 이런 형태의 감시에 주로 사용된 매체는 종이 서류철이었다. 종이 서류철은 때때로 갱신되었고 문의가 들어오면 그 내용을 요약해서 제공했다. 런던 상거래보호협회는 1842년부터 무려 1964년까지 채무자에 대한 동일한 양식을 사용했다. 20세기 중반에는 신용조사기관 네트워크가 있음에도 불구하고 미국에서는 해당 지역에서 무작위로 정보를 추출해 서류철 형식으로 정보를 저장했다.

기본적인 인구 정보에 대한 통합 데이터라는 건 없던 시대다. 영국에서는 노동계급의 신용과 대출을 대체하는 형태로써, 회원제로 구매하는 클럽이나 수표 거래를 통한 대규모 상품 공급업체가 등장했고 서민을 위한 소액대출 등의 금융 서비스를 제공했던 회사는 해당 지역에 현지 에이전트를 고용하여 과거에 상점 주인과 동네 대부업자가 조사했던 개인의 신용 정보를 수집하기도 했다.

가난하고 소외된 사람들은 이 시기 체계적이고 비인격적인 정보 수집 및 배포의 대상이 되었다. 그러다 생활수준이 향상되면서 가족이 매일, 매주 겪는 경제적 압박을 비공개로 유지하기가 쉬워졌다. 서류를 토대로 한 새로운 기록들이 업데이트되었지만 그 기록들은 내용 면에서나 공간적인 면에서나 한계가 있었다. 1960년대 말에도 영국에서는 전체 성인의 4분의 1만이 은행 계좌를 보유했다. 나머지 사람들은 국가의 그 어떤 기록과 데이터베이스에 존재하지 않은 채 현금 경제 안에서 생활했다. 대출은 대부분 합리적인 조건에 따라 연장되었고 필요한 경우 상환 요구가 있었지만 그럴 때 일어날 수 있는 최악의 사태라고 해봐야 물품을 몰수당하는 것이었다. 상환 불가능한 빚에 대처하기 위해 가족이 낯선 동네로 이사해야 하는 일은 줄어들었다.

가족의 삶을 보호해주는 것들

1950년대 주택의 질이 향상되고 실질소득이 증가하는 한편 노동시간이 단축되고 기술 혁신이 일어난 결과, 시간을 어떻게 보내고 누구와 함께 보낼지에 대한 선택의 폭이 넓어졌다. 오락거리의 선택지도 많아지고 연령대나 성향이 비슷한 사람들과 여가를 즐길 기회도 늘어났다. 가장 눈에 띄는 변화는 개인들이 불특정 다수와 함께 있지 않고 혼자 있거나 연인끼리만 관계를 맺을 수 있는 공간이 확대된 것이었다. 앞서 이야기했지만 울타리가 쳐진 마당이든 오솔길이든 들판이든 야외 공간은 벽으로 둘러싸인 실내공간의 연장이었다. 하지만 19세기의 급속한 도시화로 도시 빈민들이 경작할 수 있는 공간이 창가의 화단 정도로 축소되었으므로 그들은 경작지가 있는 시골로 점점 멀리 가야 했다. 어찌되었든 화단과 경작지 등 주택에 딸린 마당은 사람들에게 사생활을 지키는 새로운 영역을 제공했다.

경작지는 실용적인 기능이 우선이었다. 평화로운 시기에도 그랬지만 특히 1, 2차 세계대전 사이에 경작지는 상당한 양의 식량을 공급했다. 반면 화단은 개인의 미적 감각을 표현할 수 있는 공간이었다. 사람들이 많이 선호한 형식은 빅토리아 왕조와 에드워드 왕조 시대의 주택에 많이 있었던 형형색색의 가장자리 텃밭을 축소한 양식이었다. 지방 정부는 제일 잘 가꾼 정원에 상을 수여했으므로 특히 영국 남성은 더욱 경쟁적으로 채소와 꽃을 재배했다.

울타리가 쳐진 마당이 있으면 집안에 어떤 옷들이 있는지 이웃에 노출시키지 않고도 빨래를 널어 말릴 수 있었다. 집의 앞문이나 뒷문을 통해 갈 수 있는 잔디밭에서 아이들은 부모의 시선을 벗어나지 않으면서 자유롭게 놀 수 있었다. 똑같은 모습의 마당도 없었고 똑같은 방식으로 활용하지도 않았다. 공간에 대한 접근은 주인이 통제하고, 담장이나 울타리가 둘러진 곳은 모두 남의 눈에 보이지 않도록 한다는 공통점이 있을 뿐이었다.

이처럼 마당을 통해 가정의 영역을 넓히는 것은 거리의 공동체 생활을 희생한 대가였다. 동시에 도시에 사는 사람들 대다수에게 오랜 염원과도 같았던, 한정된 집안 면적에 대한 대안이기도 했다. 이제 가족의 규모는 작아지고 집은 더 넓어졌지만 그럼에도 가족 구성원들은 각자 활동을 하는 동안에도 물리적으로 서로 가까이 있었다.

프라이버시라는 측면에서 정원 다음으로 중요한 혁명

은 자동차의 보급이었다. 1914년 이전까지 지배층의 특권이었던 자동차는 양차 세계대전을 거치면서 중산층의 소유물이 되었고 1950년대부터는 노동계급도 일부 자동차를 구입할 수 있게 되었다. 이에 따라 1950년부터 1970년까지 영국의 자동차 수는 200만 대에서 거의 1000만 대로 늘어났다. 정원과 마찬가지로 자동차는 곧바로 가정 프라이버시의 대안이자 연장선이 되었다.

도시인들은 자동차를 통해 새로운 방식으로 시골로 오고 갈 수 있었다. 1930년대 후반에는 교회에 출석하는 가족의 수만큼이나 많은 가족이 아름다운 교외로 일요 드라이브를 떠났다. 1950년대 자동차 보유자가 증가하자 이런 식으로 집을 벗어날 기회가 늘어나는 동시에 사적 공간도 더 많이 향유하게 되었다. 신규 공영주택 단지에 사는 입주민들이 자동차를 구입하기 시작하면서 다른 지역에서도 직장을 구할 수 있게 되었다. 또한 자동차는 밀폐된 공간에 미치는 영향 면에서 다른 어떤 교통수단과도 달랐다. 마크 에이브럼스는 다음과 같이 자동차의 기능이 이동과 별개라고 설명했다.

자동차를 소유한 사람이 많아지면 영국인 가정의 프라이버시에 대한 욕구가 억제된다고 주장할 수도 있다. 자동차는 사람들을 자기 동네에서 멀리 떨어진 곳으로 데려가기 때문이다. 실제로는 그 반대인 것 같다. 자동차를 소유한 사람들은 대부분 자동차를 집에서 떼어낼 수 있는 또 하나의 방처럼 취급한다. 평일에는 자동차를 이용해 출퇴근의 프라이버시를 지킨다. 다른 사람들과 무조건 접촉해야만 하는 대중교통을 피할 수 있다는 뜻이다. 주말에는 자동차를 이동 가능한 작은 방으로 활용한다. 그 방은 해변이나 시골로 운반할 수 있고 목적지에 도착하고 나서는 그 안에서 혼자만의 시간을 보낼 수도 있다.

캠핑카나 캐러밴을 살 돈이 있는 사람들의 입장에서는 말 그대로 집에 바퀴가 달린 셈이었다.

세 번째 혁명은 가정오락의 영역에서 일어났다. 전후의 호황 속에서 자동차 소유와 텔레비전 소유가 동시에 늘어났다. 1951년에서 1955년 사이에 영국의 자동차 운전자 수는 50퍼센트 가까이 증가했고 텔레비전 소유자는 100만 명에서 500만 명으로 늘어났다. 1960년대에는 영국 가정의 90% 이상이 텔레비전을 소유했다. 그러나 텔레비전 소유와 시청은 또 다른 문제였다. 1953년 엘리자베스 2세 여왕의 대관식을 본인 집에서 텔레비전으로 시청한 사람은 대관식을 구경한 전체 사람 수의 40%였다. 나머지 사람들은 이웃집이나 공공장소에 모여 함께 시청했다.

    1950년대 후반까지 방송의 주된 매체는 라디오였다. 라디오를 구입할 여유가 있는 집에서는 BBC 방송을 듣는 일이 가정생활의 새로운 중심이 되어 가족 구성원들이 함께 라디오를 듣는 일이 많아졌다. 그런 의미에서 라디오라는 매체는 가정 내의 친밀감을 더 높였다.

    그러나 이 시기의 여가 패턴이 오로지 프라이버시를 강화하는 방향으로 이어진 것은 아니다. 라디오가 보급되던 시기에 댄스홀과 영화관이 함께 발전해서 젊은 사람들의 주된 오락거리로 자리 잡았기 때문이다. 사람들은 거리나 선술집에 삼삼오오 모이는 대신 댄스홀과 영화관으로 몰려들었다. 특히 축구 경기가 있는 날이면 사람들이 많이 모였는데 1부 리그 경기를 관람하는 사람들이 양차 세계대전 사이에 600만 명에서 1400만 명으로 늘어났다. 1945년 이후에는 집단으로 즐기는 오락이 감소하면서 영화 관객도 감소하기 시작했다. 하지만 자동차 여행객은 늘어서 해변을 비롯한 관광지를 찾는 사람들도 계속 늘어났다. 그리고 1960년대 교통과 방송이 융합되어 개인화된 오락의 새 시대가 열렸다. 1962년 '필킹턴 보고서 Pilkington Report'는 유달리 경쾌한 문체로 라디오를 찬양했다.

자동차 라디오와 가벼운 휴대용 라디오, 특히 휴대용 초경량 트랜지스터 라디오의 출현으로 음성 방송의 새로운 청취자가 생겼습니다. 바로 여행을 하는 사람들과 야외활동을 하는 사람들입니다. 라디오를 들으며 외로움을 달래는 사람은 자동차 운전자만이 아닌 걸로 확인됩니다. 왜냐하면, 모두에게 알려진 대로, 핸드백 안에 든 라디오 수신기는 어디를 가든 모두에게 음악을 들려주기 때문입니다.

여가가 프라이버시에 미치는 영향에는 눈에 잘 띄지 않는 두 가지 변화가 있었다. 첫째로 처음에는 라디오가, 다음으로는 텔레비전이 소비자의 정신적 세계를 확장했다. 과거에는 문자로 적힌 언어나 인쇄된 언어로만 지역의 정보를 알았다면 이제는 혼자 있거나 소수가 모여 있어도 뉴스, 지식, 오락의 스펙트럼에 쉽게 참여할 수 있었다. 이 시기 주택 내 방의 개수와 크기가 크게 늘어나지 않았다는 점과 비교하면 이것은 사적 영역의 큰 전환이었다.

라디오는 세계의 뉴스와 문화에 접근하는 좋은 수단이었다. 텔레비전 및 라디오 프로그램을 소개하는 잡지 《라디오 타임스》는 영국뿐 아니라 바티칸시국에서 모스크바에 이르기까지 다양한 유럽 방송사 62곳의 주파수 목록을 제공했고, 매주 방송의 주요 내용을 요약해서 알려주었다.

두 번째 변화는 가정의 프라이버시가 지켜지는 과정에서 불거지는 부정적 함의에 관한 우려가 커졌다는 사실이다. 어떻게 보면 방송 매체와 영화는 의사소통에 대한 대대적인 통제와 검열을 다시 허용한 것이나 마찬가지였다. 대중이 교회의 예배에 참석하던 시대에는 권력자가 사람들이 무엇을, 언제 보고 듣는지를 확실히 알지 못했다. 문제는 다시 시작된 검열을 어떻게 받아들이느냐였다. 편안한 은둔이 가능해지고 노년층과 젊은 세대가 정기적으로 섞이게 되면 무엇에든 쉽게 세뇌된다는 인식이 있었다. 특히 저속하고 자극적인 오락에 세뇌되기는 더욱 쉬웠다.

1960년 방송위원회는 이러한 사회적 우려에 동의했다. 집에 앉아 있을 때 사람들은 느슨해지고 비판의식이 무뎌지므로 오락에 더 많이 노출되는데 방송을 듣는 청중은 가족 단위인 경우가 많고 어린이까지 포함하므로 특히 취약하다고 판단한 것이었다. 군중 속에 섞이지 않고 작은 사교 집단에 갇혀 있어서 무엇이든 쉽게 받아들이는 청중이 무슨 생각을 하고 있는지를 확실히 알 길은 없었다.

개인들이 감시의 눈길로부터 자신의 행동을 숨기기가 점점 더 쉬워지자 다양한 맥락에서 불안감이 생겨났다. 자동차는 부적절한 밀회를 조장하고 비행의 장소가 된다는 비난을 받았다. 모든 형태의 통신수단은 가정의 친밀한 유대를 강화하는 동시에 방해했다. 전화가 발명되고 도입되었음에도 서신 교환이라는 오래된 소통 방식은 물리적 프라이버시의 영역을 확장하는 수단으로서 그 후로도 오랫동안 널리 사용되었다.

아마도 서신 활용이 정점에 도달했던 시기는 20세기의 양차 세계대전 기간이었을 것이다. 군대의 검열이 있긴 했지만 서신은 전쟁 속에서도 연인들끼리 또는 가족끼리 접촉을 유지하는 데 중요한 역할을 했다. 역사학자인 클레어 랭해머Claire Langhamer는 제2차 세계대전에 대해 연애편지가 전시의 발명품은 아니지만 그 기간 동안 특별한 경험을 전달하는 평범한 수단이 되었다고 평했다.

영국에서는 1970년까지 전화 통화의 양이 서신의 양을 넘어서지 못했다. 1975년에 이르러서야 전화가 서신을 완전히 대체해서 주된 통신 수단으로 자리 잡았지만 그럼에도 여전히 인구의 대다수에게 종이 우편은 집안에 축하할 일이 있거나 위기 상황이 발생했을 때 멀리 떨어진 사람과 소통하는 가장 친숙한 수단이었다. 물론 나라 면적이 커서 배송 거리가 소통의 장애물이 되는 북아메리카와 스칸디나비아에서는 전화를 훨씬 빨리 받아들였다. 20세기 초 미국에서는 서로 멀리 떨어진 시골 농가들을 연결하는 공동가

입전화가 널리 보급되었을 정도다. 그러나 상대적으로 나라가 작고 인구가 밀집된 영국에서는 전화가 여전히 값비싼 투자를 해야 하는 선택으로 남아 있었다.

영과 윌모트의 연구에 따르면 1950년대에 베스널그린에서는 여전히 함께 산책하는 것이 친구와 친척들과 인사를 주고받고 정보를 교환하는 가장 효율적인 수단이었던 반면, 그린리의 신축 공영주택 단지에는 1인당 전화기 수가 베스널그린보다 7배나 많았을 만큼 전화가 친목 도모와 정보 교환의 수단이 되었다. 펜실베니아대학교에서 커뮤니케이션을 연구하는 캐럴린 마빈Carolyn Marvin은 《오래된 기술이 새로워졌을 때When Old Technologies Were New》라는 책에서 새로운 발명품의 도입에 관해 다음과 같이 설명한다.

> 사적인 비밀과 공적인 지식의 섬세한 균형과 질서 특히 자신과 사회, 자신과 가족, 부모, 하인, 배우자 또는 연인 사이에 공유할 수 있는 것과 비밀로 유지해야 하는 것 사이의 경계가 위태로워졌다. 전기를 이용한 소통 때문에 가족, 연애, 계급 정체성 등 다양한 상호작용의 영역이 갑자기 어색해졌고 그 결과들은 전기적 문헌으로 쉴 새 없이 쏟아져 나왔다.

이렇듯 전화는 가상 프라이버시의 문제를 완화하는 동시에 강조했고 동시에 수신자에 대한 불확실성을 감소시켰다. 메시지의 경우 수신자는 메시지를 받지 못했을 수도 있고 어쩌면 더 이상 살아 있는 사람이 아닐 수도 있었다. 하지만 수신자가 전화를 받으면 발신자는 즉시 안심할 수 있다. 전화는 가정의 물리적 경계를 뛰어넘는 대화의 가능성을 열어주었다. 손으로 쓴 글씨도 항상 쓰인 단어보다 더 많은 뜻을 전달할 수 있었지만 방 안의 다른 소음과 함께 전달되는 목소리는 장거리 소통에 있어 새로운 친밀감을 주는 수단이 되었다. 전화 대화에는 자체적인 피드백 과정이 포함되어 있어 친밀한 소통의 가능성이 높아진 것이다.

그러나 전화는 비밀 유지라는 문제를 더욱 복잡하게 만들었다. 전화로 소통할 때 비밀 보장이 쉽지 않았기 때문이다. 전화 교환원은 대화의 잠재적인 제3자였다. 대부분의 가정에는 유선으로 연결된 수화기가 하나뿐이었기 때문에 아무에게도 들리지 않게 통화하기란 아무에게도 보이지 않게 편지를 쓰기보다 더 어려웠다. 그 무렵 가정은 울타리로 둘러싸인 공동체로서의 특별한 지위를 상실했다. 전화 발신자들은 이제 현관문을 사용할 필요가 없었다. 사적인 대화의 통로가 눈에 띄지 않게 되었고 통제하기가 더 어려워졌다.

부부의 은밀한 프라이버시

가정의 프라이버시를 지키는 과정에서 불거지는 문제는 결혼과 관련이 깊다. 남편과 아내가 함께 보내는 여가 시간은 늘어났고 집 바깥에서 동성끼리 모이는 일은 줄어들었다. 그들은 가정의 프라이버시를 중요하게 생각했으며 가정 내 정보가 밖으로 새어나가는 것을 통제하고자 했다. 부부에게는 함께 생활할 수 있는 공간이 많았고 공간을 나눠 쓸 자녀나 친척도 적은 편이었다. 자녀 양육이라는 일상적인 의무에 부부가 평등하게 참여하긴 했지만 그렇다고 남녀의 역할이 바뀌지는 않았다.

1950년대부터 기혼 여성의 취업이 증가하기 시작했음에도 불구하고 남성은 여전히 가장으로서의 정체성을 유지했다. 그들은 정원을 관리하고 집 안팎을 수리하는 일을 많이 맡았다. 자동차 소유가 늘어났지만 자동차는 대개 남성의 전유물이었다. 1960년대 중반에 남성의 56퍼센트가 운전면허를 소지하고 있었던 반면 여성은 단 13퍼센트였다. 남자들은 여전히 남성들로만 이루어진 직장 내 동료애와 가정에서 요구되는 가장의 의무 사이에서 갈등을 겪었다.

앨런 존슨 역시 회고록을 통해 1960년대 후반에 가장으로서 자신이 어떻게 생활했는지를 떠올리며 부끄러워했다. 그는 전 직원이 남성인 우체국 분류센터에서 장시간 근무를 했고 집에 와서는 어린아이들과 시간을 보내는 것 외에 거의 아무것도 하지 않았다.

이렇게 이야기하니 꼭 앤디 캡(전형적인 영국 노동계층의 가부장적인 가장을 그린 만화 캐릭터 - 옮긴이)*에 관한 설명처럼 들린다. 자기중심적인 사교생활을 하면서 아이들을 돌보고, 요리하고, 빨래하고, 가정을 편안한 곳으로 만드는 일은 전부 아내에게 맡겨버린 인간. 그 시대의 가사 분담이라는 게 그런 식이었다… 나는… 우리 아버지처럼 극단적이진 않았지만 아버지가 선택했던 남성적 생활방식을 답습하고 있었다.*

부부가 이웃이나 다른 가족 구성원들의 눈과 귀를 피해 생활할 여지가 확대되자 부부 사이의 감정적, 성적 만족에 대한 기대치가 높아졌다. 제2차 세계대전 이후 성인이 된 세대는 그 어느 세대보다도 결혼을 많이 했고 결혼생활을 오래 유지했다. 프라이버시는 남편과 아내, 부모와 자녀 사이의 친밀감이 높아지기 위한 조건인 동시에 결과였다. 외부세계와 단절이 많이 될수록 집안에서 솔직하고 애정 어린 대화를 주고받을 가능성은 높아지고 관계에 더 많이 투자할수록 현관문 바깥의 사람들에게 노출될 필요는 줄어들었다.

그러나 이 시대 결혼을 두고 두 가지 갈등이 생겨나고 있었다. 첫 번째는 보수적인 성도덕이었다. 가정을 기반으로 하는 사회는 이성애와 일부일처제가 기본이었다. 다른 형태의 혼인 관계라든가 가벼운 연애가 설 자리는 없었다. 시대가 거듭될수록 혼전 성관계에 대해 점점 너그러워지고 있었지만, 여전히 불륜에는 낙인이 찍혔고 동성애는 범죄로 인식되었다. 20세기 중반의 핵가족 안에서는 자신의 비행을 숨기기가 쉽지 않았지만 사람들이 다른 종류의 친밀감을 추구하면서 비밀이 많아졌고 시대의 통신 기술이 그런 행위를 도와주었다. 편지, 전화, 자동차가 불법행위를 조장했다는 뜻이다.

항상 그래왔듯 가정의 비밀은 호기심을 불러일으키고 신문 판매로 이어졌다. 사람들은 매혹과 비난을 동시에 불러일으키는 이야기를 원했다. 19세기의 이혼 가십 기사는 유명한 부유층의 성추행을 폭로할 정도였다. 어느새 가정

내 사적인 정보를 차단하는 것은 프라이버시의 미덕이 아니라 프라이버시의 수치가 되었다.

두 번째 갈등은 폐쇄된 가정에서 무슨 일이 벌어지는지 모른다는 데 있었다. 세상과 단절되고 폐쇄된 집안은 차츰 정서적 또는 성적 병리의 온상으로 여겨졌다. 1, 2차 세계대전 사이 타인에 대한 관심이 낮았던 시기에 누군가 커튼이 쳐진 집안에서 학대를 당할 우려가 커졌다. 가족이 고립된 상태에서 가정 내의 문제를 스스로 해결할 수 있을까? 가정 바깥의 대화가 부재하다는 사실이 오히려 가정에서 형성되어야 하는 관계를 파괴하는 게 아닐까? 점차 가정 바깥에 있는 사람들과 이야기를 나누는 일이 가치 있게 여겨졌고 타블로이드 신문은 독자들의 이야기를 싣기 시작했다.

《데일리 미러》의 경우 사적인 고통과 불만에 대한 이야기를 익명으로 보내주는 대가로 비밀 유지 서약을 했다. 1932년 여성 잡지 《우먼스 오운》의 리어노라 에일스Leonora Eyles를 시작으로, 신문이나 잡지의 고민 상담가들은 가까운 이웃이나 친척에게 쉽게 털어놓을 수 없는 이야기를 듣고 충고를 건넸다. 고해성사의 기능이 트라우마 경험을 털어놓는 대화 등 다양한 심리치료법으로 변형된 것이다. 1946년에는 전국결혼지도협의회가 설립되었다. 이 협의회는 불행한 부부들에게 조언을 해주고 슬픔과 불만을 털어놓을 전문가를 배치함으로써 결혼 제도를 강화한다는 사명을 내세웠다.

대다수 가족에게 일상생활은 말과 침묵이 복잡하게 섞인 시간이다. 20세기의 집은 공간이 더 넓어지고 안락해져서 끝없는 대화를 나누는 것도 가능해졌다. 1943년의 '매스 옵저베이션'은 자유와 휴식만큼이나 중요한 것은 가족 생활의 배경이 되는 집이라고 지적했다. 가족은 집에 한데 모여 아침과 저녁을 먹고, 이야기를 나누고, 싸우기도 하고, 함께 놀고, 생활한다는 이유였다.

초창기의 BBC 텔레비전은 거의 전적으로 가정의 일과에 맞춰져 있었다. 1957년까지는 오후 5시에 어린이를 위한 프로그램을 방영하기 시작했고 6시가 되면 아이들이 잠자리에 들기까지 1시간 동안 방송을 중단했다. 집안 깊숙한 곳에서는 가족간 은밀한 대화가 이어졌다. 이때의 프라이버시는 친밀감 유지라는 핵심적인 기능에 충실했다.

외부인들은 이처럼 타인의 주택에서 무슨 이야기가 오가는지 거의 관심을 두지 않았다. 대신 그들은 소통의 빈틈을 우려했다. 특히 성관계에 관한 대화가 없어 보인다는 점을 많이 걱정했다. 1918년에 여성 운동가 마리 스토프스 Marie Stopes가 출간한 《결혼한 후의 사랑 Married Love》은 제목과 내용이 정확히 일치했다. 그녀의 관심사는 일부일처제의 이성애적 부부관계였다. 그녀는 서로에게 만족스러운 육체적 관계가 없는 부부는 절대 온전할 수 없다고 했다. 당시에는 부부가 둘 다 성 지식에 무지하기 때문에 육체적 만족을 얻기가 쉽지 않았다.

> 두 젊은이는 신혼의 즐거움에 들떠서 그들이 서로의 존재에 관한 근본적인 법칙에 관해 전혀 모르거나 거의 모른다는 사실을 놓친다…. 그들의 발밑에는 서로에 관한 진정한 지식의 단단한 토대가 없다.

그들은 성관계와 피임에 관해 대화 나누는 법을 몰랐고, 그런 문제를 잘 아는 친구나 친척에게 물어보지도 못했고, 글로 된 정보에 접근할 수도 없었다.《결혼한 후의 사랑》은 즉각 베스트셀러에 올랐고 출간 후 20년 동안 75만 부나 팔렸다. 마리 스토프스에게는 추가적인 조언을 요청하는 독자들의 편지가 쇄도했다. 이 편지들은 나중에 책으로 출간되기도 했는데 이를 통해 사람들이 성에 대해 얼마나 무지했는가를 알 수 있다. 어떤 아내는 결혼생활이 무엇인지 아무것도 모르고 결혼했다면서 아무도 대화를 하려 하지 않고 알려주는 것도 없었다고 고백한다. 의사들이 피임에 관한 정보를 숨긴다거나 피임 기술을 익히려 하지 않는다고 맹렬하게 비판하는 내용도 눈에 띈다.

그 이후 각종 회고록과 구술사가 나오면서 제대로 된 정보가 없었던 신혼부부들의 체험담이 점점 널리 알려졌다. 이 체험담에 대한 진실성과 투명성에 대한 논의가 생겼지만 크게 이슈가 되지는 못했다. 성 관행에 관한 영국 최초의 조사 보고서인 《리틀 킨제이Little Kinsey》는 스토프스의 주장을 되풀이했다. 이런 주제들에 관한 대화가 아주 적게 이뤄지고 성관계가 비밀의 벽에 에워싸여 있기 때문에 혼란이 가중되고 단순한 설명이 더 어려워진다며, 이 조사의 결과를 한마디로 정리한다면 그것은 교육의 필요성이라고 밝혔다.

그러나 사화과학자인 사이먼 슈레터Simon Szreter와 케이트 피셔Kate Fisher의 공동 연구 집필서《섹스 혁명 이전의 섹스Sex Before the Sexual Revolution》는 섹스에 대한 대화를 개방적으로 하는 문화의 필요성을 두고 전혀 다른 관점을 제시한다. 그들이 만난 부부들은 선행 연구의 부부들과 다를 바 없다. 결혼 전과 결혼생활 중에도 성관계에 관한 모든 대화에서 배제되었고 그런 대화에 사용되는 용어조차 몰랐다. 그들은 성적 쾌락을 얻는 기술이나 원치 않는 임신을 피하는 기술에 관해 들어본 적도 없었고 그런 기술을 알아보려는 시도도 거의 하지 않았다. 슈레터와 피셔의 책에는 부부가 처음에 느끼는 창피함과 실망감을 비롯하여 성관계의 어려움에 관한 설명이 반복적으로 나오지만 연구의 전체적인 결론은 섹스에 대해 대화를 나누는 문화와 부부의 친밀감은 크게 상관 없다는 쪽이다.

슈레터와 피셔의 연구에 따르면 오히려 결혼한 부부들은 보통 자신들의 성생활을 매우 사적인 영역이라고 여겨 쉽게 남에게 얘기하지 않았다. 부부의 성생활은 남들의 평가에 노출되지도 않았고 어떤 일반적인 규범에 맞춰 측량되지도 않았다. 부부는 처음 서로의 몸을 더듬으며 서로를 가르치고 또 배웠다. 실험과 공감이 언어와 교육을 대신하는 것이다. 온갖 시행착오가 있었지만 외부의 교육과정이 아니라 신뢰와 조정을 근간으로 하는 그들만의 학습 경로를 따랐기 때문에 결과는 더욱 만족스러웠다. 이 연구는 프랭크라는 사람의 명료하지 않은 설명을 인용한다.

> 그걸 말로 의논한 적은 없어요. 그래요, 없어요…. 그냥, 음, 아는 거죠…. 아내의 반응으로요…. 우리는 그러니까, 아무 말도 안 해도 된다는 걸 알고 있었어요…. 우리는 그걸 예술의 경지로 만들었고, 서로를 바라보는 것만으로 알았어요…. 얼마나 깊이 들어와

있는지, 상대가 진짜로 원하는 게 무엇인지를요.

부부간 이뤄지는 이런 친밀한 의사소통은 신혼 때 성관계에 대한 기대가 크다는 사실을 반영한다. 그리고 부부 침대가 점점 다른 가족과 분리되면서 부부가 성관계에서 만족감을 느낄 가능성이 높아졌다는 사실을 말해준다.

국가의 개인 사찰이 시작되다

20세기 초 국가가 국민을 감시하기 시작했다. 19세기 후반 인구 정보를 수집했던 대규모 정부 시스템도 개인과 가족의 행동에 관여하도록 설계된 적은 없었다. 법을 어긴 사람이나 세금을 낼 정도로 부유한 사람만 데이터베이스에 기록된 정도였다. 민간인에 관한 공식 문서 기록이 전면적으로 활용된 때는 제1차 세계대전 즈음이었다. 이때 전국적인 주민등록 시스템이 만들어지고 해외여행을 할 때 여권 소지가 의무화되었다.

처음에 변화의 동인이 된 것은 익명성이 주는 위험 때문이었다. 가죽옷을 입고 색안경을 쓴 초창기 자동차 운전자들은 보행자들의 생명을 위협할 정도로 위험하게 운전을 했기 때문에 신원을 식별할 필요가 있었다. 무선통신은 처음에 일종의 군사 장비로 여겨져서 국가안보의 이유로 통신 기록을 남겨야 했다. 또한 복지 수급을 결정할 때도 인구 기록이 필요했다. 주정부 연금을 받기 위해서는 나이와 혼인 상태에 대한 증명이 필요했고 보험혜택을 받으려면 보험금 납입 사실과 현재의 건강 상태 또는 고용 상태에 대한 증명이 필요했다. 마지막으로 전쟁 속에서 전체 인구에 관한 종합적인 기록의 중요성이 부각되었다.

자유민주주의가 싹트는 가운데 이러한 변화의 과정에 반드시 필요했던 것이 '동의'였다. 빈곤층은 외부의 침입으로부터 이익을 얻어내는 데 익숙했다. 1909년 사회평론가 마사 론 Martha Loane 이 발표한 《어느 영국인의 성 An Englishman's Castle》이라는 연구 저서는 '가난한 사람들이 자기 집에 입장료를 요구한다는 것은 부인할 수 없는 사실이다'로 시작한다. 중산층 방문객이 빈곤층의 문턱을 넘으려면 비용을 치러야 했다.

> 발을 들여놓는 값을 지불해야 했고 성의를 보여야 했는데 가장 나빴던 부분은 가격의 기준이 없었다는 것이다…. 그들은 어떤 주에는 우유 푸딩을 요구받았고 다음 주에는 석탄 5킬로그램을 내야 했고… 그런 식으로 대가가 기하급수적으로 증가했다.

1908년에서 1948년 사이에 빈민법이 사라진 이유는 관리들이 집에 들어와서 하는 말이 모욕적이었기 때문이 아니라 그렇게 얻는 이익이 너무 미미하기 때문이었다. 겉으로는 집을 철통같이 지키겠다고 말했지만 집주인들은 최후의 수단으로 상대와 거래할 의향이 있었다.

새로운 세기에 달라진 것이 있다면 협상의 성격이었다. 숙련된 공무원들이 구체적인 서비스를 제공할 때는 집에 들어가도 된다는 양보를 받아내기가 더 쉬웠다. 위생을 점검하기 위해 집집마다 찾아갔던 공중보건 조사관들은 집주인에게 수리를 강제할 권한을 가지고 있었다. 지방정부가 관리하는 공영주택에 사는 사람들은 자율성에 대한 제약을 받아들여야 했는데 관리들이 새 집과 마당에 대한 관리를 점검했기 때문이다. 서로 다른 기준과 기대치를 둘러싼 갈등의 여지는 여전히 많았지만 출산과 아동복지 서비스가 발달하면서 그런 식으로 공무원들이 집안에 들어가는 일은 더욱 빈번해졌다.

프라이버시와 감시 사이의 경계는 특히 두 차례의 세계대전 기간에 도입되었던 주민등록의 사례에서 뚜렷하게 드러났다. 국가 안보를 위해 그리고 전시 상황에서 희소한 자원을 배분하기 위해 국가의 감독을 확대해야 한다는 주장에 대체로 모두 동의했다. 그러나 전쟁이 끝난 후에도 국가의 감독이 계속되는 상황에는 모두 동의하지 않았다. 제2차 세계대전 이후에도 한참 동안 주민등록 제도가 유지된 것은 단순히 전시 배급이 연장되었기 때문이었다. 전쟁이 끝나고 식량과 의복을 구하기 위해 신분증이 반드시 필요한 상황이 사라지자 1952년 드디어 주민등록 제도가 폐지되었다.

이에 따라 복지혜택의 지급과 관련해서 사생활을 지킬 개인의 권리와 국가의 복지 혜택 사이의 균형을 유지하기가 더 어려워졌다. 20세기 초에는 글을 제대로 읽고 쓰지 못했던 노동계급에게도 꽤 복잡한 서류 작성을 요구했는데, 절차가 다소 부담스럽기는 해도 직접 방문하는 것보다 개방적인 형태로 빠르게 조사를 진행할 수 있기 때문이었다.

그러나 1차 대전과 2차 대전 사이에는 어찌 되었든 정부가 가구 조사를 재개하지 않고는 구제조치를 시행할 수 없었다. 대량 실업이라는 압박 속에서 1931년 자산조사를 수행하기 위해서는 개인에게 상세한 설문지를 작성하게 하고 조사관이 가정 방문을 통해 설문지를 확인하고 가족의 재산을 평가해야 했다. 가정형편 조사에 대해서는 격한 반응이 일어날 수밖에 없었다. 곳곳에서 시위가 발생했고 때로는 폭력적인 시위도 있었다. 노동당은 가계 경제에 대해 순식간에 확산되는 국가의 감시에 반대하는 캠페인을 벌였다.

단기적으로는 경제가 점진적으로 회복되면서 긴장이 완화되었지만 1945년 총선의 노동당 승리로 인해 사생활 침해에 대한 인식이 날카로워졌다. 이후 1948년에 도입된

국민보험제도는 전 국민을 대상으로 하면서도 국가와 국민의 상호작용은 최소화하도록 설계되었고 사생활과 관련된 몇 가지 의미 있는 특징이 드러났다. 먼저 국민보험의 보장 범위와 국가의 개입 사이의 새로운 균형이 만들어졌다. 국민보험 가입은 매주 보험금을 납부한 기록 외의 다른 정보는 요구하지 않았다. 개인에 관한 조사 범위가 좁았다는 점은 국민적 동의를 이끌어낸 결정적 요인이 되었다.

아이러니하게도 정보기술의 한계는 대중의 안심을 이끌어낸 요인이 되었다. 국민보험의 운영을 위해 디지털 혁명이 반드시 필요한 것이 아니었다. 전산 시스템이 발전해도 국민보험의 운영은 모두 수작업으로 관리되는 장부를 통해 이뤄졌다. 공적인 감시 행위가 눈에 띄게 파편화됨에 따라 국가 감시가 늘어날 거라는 우려도 점차 줄어들었다.

반면 이 시기 국가안보 감시 프로그램은 공적 승인이나 감독이 거의 전무했다. 1911년 의회에서 하루 만에 속성으로 통과된 공식기밀법에 따르면, 무엇이 기밀이고 그 기밀을 공개할 수 있는 사람이 누구인지는 고위 공무원과 정치인의 재량에 맡겨졌다. 안보기구들은 1차 대전 전과 전쟁 기간 동안 아무런 법적 근거가 없이 창설되었고 추가적인 논의도 없이 활동 범위를 넓혔다. 제2차 세계대전 이후 20년 동안 통신 감청의 중심지로 자리 잡은 정보통신본부

GCHQ는 존재 자체가 기밀이었다. 기밀을 기밀로 하는 것은 개인 사찰이라는 목적을 달성하기 위한 수단일 뿐이었다.

1970년까지 감청 논쟁은 1957년 런던에서 한 폭력배를 대리하던 변호사의 전화 도청을 두고 논란이 벌어졌을 때가 유일했다. 1844년 수사를 위해 개인의 편지를 사찰해도 된다는 영장이 발부되어 전국적으로 크게 논란이 된 지 거의 100년이 지난 시점이었지만 크게 달라진 건 없었다. 1844년 이후 우편 감청이 증가했고 전화라는 신기술 이후에도 어떤 법적 근거도 새로 마련되지 않았다. 그러더니 19세기 후반에 발명된 전화 감청이 상황에 따라 정당화된 사찰에 속할 수도 있다는 의견이 제기되었다. 예측 불가능한 위협 앞에서 국가는 공개적 토론 없이 신속하게 신기술을 받아들여 통신 감청을 확대할 수 있다는 논리였다.

제2차 세계대전 중 영국암호해독처에서 독일의 에니그마 암호를 해독한 사건이 일어났고, 이를 통해 감시가 성공하려면 감시의 대상이 보안 기밀을 알지 못해야 한다는 견해가 굳혀졌다. 전화 감청 및 편지 열람 내역은 기록해야 맞지만 감청 내역이 정기적으로 공개되지는 않게 해야 한다는 것이었다. 안보 목적의 감청을 한 번이라도 공개한다면 국가에 적대적인 기관들이 감청에 대해 대략적이나마 추정할 수 있게 된다는 것이 이유였다.

이 견해는 21세기인 지금까지 유지되고 있다. 영국의 정보안보위원회가 2015년 3월에 발표한 '프라이버시 및 보안 보고서'에서는 다음과 같이 권고한다.

위원회는 정보기관이 보유한 허가장 및 영장의 수와 관련해서 정확한 수치를 제공받았지만 그 수치를 세부적으로 공개하면 국가 안보에 해로울 것이라는 견해에 동의했다.

1957년 국가의 개인 사찰을 보고한 '버켓 보고서'에서 1844년의 대소동을 지속적으로 언급하며 국가 감시에 관해 침묵하는 것이 대중의 폭발적인 저항을 감소시킬 수 있는 건 아니라고 강조했다. 그럼에도 보고서의 결론은 다음과 같았다. '법을 준수하는 평범한 시민의 사생활이나 그런 시민의 개인적 자유에 대한 간섭은 극히 드물다. 일부 잘못된 행동을 하는 사람의 통신을 감청하는 불가피한 일이 있을 뿐이다. 지금까지 해로운 결과를 초래한 적은 없었다.'

버켓 보고서는 냉전 시기에 발표되었다. 프라이버시는 진보적 민주주의 국가와 적국과의 갈등의 중심에 놓여 있었다. 1951년 한나 아렌트Hannah Arendt가 출간한 《전체주의의 기원》은 전체주의 정부가 공적 영역에 대한 공격이라는 측면에서만이 아니라 개인의 생활도 파괴한다는 점에서 전무후무하다고 설명했다. 사회는 원자화되었고 세상에 전혀 속하지 못하는 경험, 인간의 모든 경험 중에서도 가장 급진적이고 절망적인 경험인 고독이 사회를 대체했다.

현대 사회에 관한 자세한 사회학적 분석이 없었던 상황에서 프라이버시에 대한 공격을 설명한 가장 유명한 작품은 소설이었다. 조지 오웰George Orwell의 《1984》는 사생활의 근본적인 동인이 전복된 세상을 암울하게 그려냈다.

> 가족을 정말로 폐지할 수는 없었고, 실제로는 사람들에게 옛날 방식과 거의 비슷하게 자녀를 사랑하라고 독려했다. 반면 자녀들은 체계적으로 부모에게 등을 돌리게 되었고 부모를 감시하고 부모의 일탈 행위를 신고하라는 교육을 받았다. 사실상 가족은 '생각 경찰'의 연장선이 되었다. 가족은 모든 사람이 그를 속속들이 아는 정보원들에게 밤낮으로 둘러싸이게 하는 수단이었다.

조지 오웰의 디스토피아가 오랫동안 사랑받은 비결은 과거의 파놉티콘과 미래의 디지털 감시 장비들과 쉽게 연결되기 때문이다. 벤담이 말했듯 대중은 어떤 특정 순간에 자신이 감시당하고 있는지 알 수 없었으므로 항상 관찰당한다는 가정 아래 삶을 영위해야만 했다. 감시탑에 숨어 있는 교도소장은 시대에 맞게 갱신되어 텔레스크린이라는 매체를 수용했다. 조지 오웰은 '텔레비전이 발달한 것과 같은 기술의 진보를 통해 하나의 장비로 송신과 수신을 동시에 하게 되자 사생활은 끝났다'고 썼다.

그러나 조지 오웰의 디스토피아가 실현되기 위해서는 두 가지 문제가 있었다. 첫 번째는 아무리 기술이 정교하게 발전해도 기술적 감시로는 복종과 순응을 보장할 수 없었다. 빅브라더는 텔레비전 화면에만 의존하지도 않았고 감시 대상자들의 프라이버시를 침해하는 다른 매커니즘에도 의존하지 않았다. 《1984》를 현대적 감시 체계의 모든 위협과 동의어로 생각해서 인용하는 사람들은 소설 3부에 나오는 피비린내 나는 공포스러운 장면을 간과하는 경향이 있다. 직접 파시즘과 싸운 경험이 있었고 스탈린의 보여주기식 재판을 다룬 아서 쾨슬러Arthur Koestler의 《한낮의 어둠 Darkness at Noon》 같은 문학작품의 영향을 받았던 오웰은 기술의 이면에 직접적이고 물리적인 공포가 있다는 사실을 잘 알고 있었다. 다음 글은 101호실에서 윈스턴 스미스가 당했던 경험을 생생하게 묘사하고 있다.

그는 경비병의 손에 쥐어진 곤봉만 쳐다보고 있었다. 곤봉은 어디로든 날아올 수 있었다. 정수리, 귀, 팔이나 팔꿈치… 팔꿈치! 그는 무릎을 바닥에 대고 주저앉은 상태였다. 거의 마비된 몸으로 얻어맞은 팔꿈치를 반대쪽 손으로 감싸 쥐었다. 모든 게 폭발해서 노란 빛을 냈다. 곤봉으로 내려쳐서 그렇게 큰 고통을 줄 수 있다니 상상이나 했겠는가!

스탈린 시대 러시아와 마찬가지로 나치 독일에서도 스파이, 도청, 비난으로 이뤄진 시스템은 사법적 고문과 살인의 구조 속에서 운영되었다. 독일민주공화국의 정보 기관인 슈타지는 요원을 모집할 때 처벌에 대한 위협을 이용했다. 슈타지는 사람들의 경력을 망가뜨리고 감옥에 집어넣고 사형에 처했다. 감시의 관행과 근거에 저항하면 어떤 결과가 초래될지 모두가 알고 있었다. 프라이버시에 대한 공격은 성찰과 토론을 봉쇄하기 위한 최후의 수단이었다. 그것은 감시를 위한 감시가 아니라 비판적 인식과 대응을 모두 차단하려는 시도였다. 《1984》의 핵심 메시지는 주인공이 자신의 상황에 관해 깊이 생각하고 그 상황에 대응하려는 노력이다. 그 노력은 결국 허사로 돌아갔다.

또한 조지 오웰이 당대의 문제를 참조하긴 했지만 어쨌

거나 소설은 현실이 아니었다. 소설에 나온 감시 기술은 아직 존재하지 않았고 이성적으로 사고하는 모든 주체에 대한 불가피하고 무자비한 파괴도 현실에서 일어난 일은 아니었다. 최근 역사학계에서는 파시즘 정권과 공산주의 정권들이 가족 해체를 원했던 게 맞는지 그리고 해체에 성공했는지에 대한 의문을 제기한다. 프라이버시 파괴가 전체주의 통치의 표지라고 보기는 어렵다는 주장이다. 또한 가족이라는 단위가 결국 사라지지 않았다는 사실은 독재 정권들의 야망과 성과에 대한 의문으로 이어진다.

낙인찍힌 인종에 속한 사람들이나 동성애자에 대한 광범위한 박해와 투옥 및 학살이 이뤄졌다는 것은 변함없는 진실이다. 그러나 독재 정권들이 전통적인 형태의 가정 생활을 허용하고 장려했다는 이야기도 있다. 러시아 혁명 초기의 이론가들은 가족을 공산주의 이상에 반하는 것으로 여기고 비난했지만 1930년대 초에 이르러서는 국가와 분리되는 사생활이 장려되기도 했다. 나치 독일과 이후의 독일민주공화국에서 가정은 여가의 장소로서, 출산은 정권이 창조한 문명의 척도로서 지지를 받았다.

결국 불신과 은둔의 변증법이 탄생했다. 권력기관들은 가족을 미화하는 동시에 가족을 반역의 보루로 간주했으므로 그 비밀을 파헤치기 위해 더 많은 노력을 기울여야 했다. 가족 구성원들은 국가의 항시적인 감시에 대응하기 위해 프라이버시가 보장되는 일과와 의식 안으로 더 깊이 후퇴했다. 독재 정권 아래서 감시는 서로가 서로를 이용하는 영역이었다. 비밀 경찰의 입장에서 사적 관계로 구성된 개인적인 정보는 매우 귀했다. 한편 평소에는 힘없는 개인들이 개인적 목적을 달성하기 위해 권력을 이용하는 관행도 다양하게 나타났다.

독일에서는 민간인들을 정보원으로 활용하는 나치의 전통이 더욱 강화됐다. 게슈타포는 독일 전체 인구가 6600만 명일 때도 7,000명밖에 되지 않았고 선동가라기보다는 결제기관에 더 가까웠다. 스탈린 시대 러시아의 정부 관료들에게는 동료들을 학대하는 기관원 또는 배신하는 동료를 비판하는 서한이 쏟아져 들어왔다. 1945년 이후 동독의 슈타지는 주민들 중에서 스파이를 발굴하는 역할을 점점 많이 수행했지만 슈타지 자체는 국가와 지자체에서 시민들의 삶의 질을 향상시키기 위해 활용되었다. 오웰의 소설에 나온 것처럼 배우자와 자녀가 배신을 하는 사례들도 있었지만, 대부분의 신고는 직장 동료나 빽빽한 도시 아파트의 인근 주민들로 이뤄진 2차 네트워크에 속한 사람들로부터 접수되었다. 이웃이나 동료를 신고하게 만들었던 일상적인 스트레스는 서구의 현대화되는 나라들에서 더 심각하게 나타났다.

1945년 이후 철의 장막 뒤편에 있던 나라들도 자본주의 사회의 가족 생활을 누리기 시작했다. 생활 수준이 향상되고 노동시간이 단축되면서 취미와 휴일에 더 많은 자원과 시간을 할애했고 자동차는 품질이 떨어지긴 했지만 사적 교통수단의 새로운 시대를 열어주었다. 사생활을 공유하는 동시에 강화하고 확장한 사례로서 가장 눈에 띄는 것은 정원 가꾸기다. 다차dacha(러시아의 시골 저택-옮긴이)라는 오랜 전통은 소비에트 연방의 역사 속에서 더 확대되었다. 엄밀히 말하면 다차는 공동 재산이었지만 여름용 별장과 별장 주변의 땅은 국가와 이웃의 감시를 피해 가족끼리 사교와 오락을 즐길 수 있는 사적 은둔의 영역이 되었다.

이러한 사회에서 프라이버시는 항상 위태로운 상태였다. 연인, 친구, 동료들에게 고발당할지도 모른다는 두려움은 모든 종류의 사적 관계에서 신뢰와 헌신을 갉아먹었다. 창피와 모욕이 체포와 처벌이라는 결과로 이어질 수 있다는 불안이 매 순간 존재했다. 그러나 비밀스러운 의사소통 역시 여전히 가능했고 그런 가능성은 삶의 가치이자 저항의 원천이었다. 독일의 사회문화를 연구하는 역사학자 폴 베츠Paul Betts는 2010년 《벽 안에서Within Walls》라는 책을 통해 통일 전 동독 사회를 이야기한다. 그의 책에 따르면 동독에서 다수에게 사적 영역이란 고립의 장소나 경험이 아니라 친밀감을 나눈다는 감각과 밀접하게 연결되어 있었다.

프라이버시의 역사에 등장하는 다른 사회와 마찬가지로 동독에서도 가장 중요한 것은 굳이 소리 내어 말할 필요가 없었다. 도청 장치가 아무리 정교하고 관리들이 아무리 주의 깊게 감청을 하더라도 시간을 들여 다층적으로 이뤄지는 교류에서는 사적인 관계를 보호할 수 있었다. 현대 유럽사를 연구하는 폴 긴스보르그Paul Ginsborg의 연구는《가정 정치Family Politics》라는 저서에서 다음과 같은 결론을 제시했다.

> 나치 정권 시절 베를린의 지하실에서는 귓속말로 불만을 이야기하는 식의 대화가 가능했다. 가족 구성원 중 하나가 다른 구성원과 분노의 눈빛만을 주고받을 수도 있었다. 암호, 비밀, 기억, 전략, 연대… 가족들은 이 모든 것에 전문가였다.

공산주의 정권들은 당연히 조지 오웰의 소설을 금지했지만 역사의 궤적을 예의 주시했던 오웰은 빅브라더에게 비언어적 의사소통을 다루는 수단을 부여했다. 부적절한 표정을 짓는 것(예를 들어 승리했다는 발표가 나왔을 때 믿을 수 없다는 표정을 짓는 것)은 그 자체로 처벌 가능한 행동이었다. 심지어 《1984》에 나오는 세뇌용 언어인 '뉴스피크'에는 그런 행위를 가리키는 '얼굴 범죄'라는 용어가 있었다. 그러나 오웰 작품 속 디스토피아의 다른 요소들과 마찬가지로 얼굴 표정을 읽는 기술은 1970년까지 현실화되지 않았다.

5

조지 오웰,

스노든,

다음은?

프라이버시의 종말은 1960년대 중반 시작되었다. 다양한 토론과 출판물이 프라이버시의 종말을 예고하고 있던 터였다. 1964년에 출간된 마이런 브렌턴Myron Brenton의《프라이버시 침입자The Privacy Invaders》는 개인정보가 보호되지 않는 사실에 주의를 집중시켰으며, 같은 해 미국의 사회 비평가 밴스 패커드Vance Packard는《벌거벗은 사회The Naked Society》에서 프라이버시를 훼손하는 다섯 가지 힘이 시민 개개인에 대한 감시와 대대적인 사생활 침해가 엄청나게 증가한 이유라고 밝혔다.

미국에서는 사생활 침해에 대한 대중의 우려가 높아져서 1960년대 중반부터 의회 청문회가 열렸다. 영국에서도 의회가 처음으로 프라이버시라는 주제에 관심을 가지기 시작해서 이른바 '프라이버시에 대한 권리'를 보호하기 위한 법안들이 발의되었다.

경각심이 생긴 주된 이유는 카메라와 도청 장비가 점점 정교해지고 기업뿐 아니라 정부도 중앙처리장치를 널리 사용하게 되었기 때문이다. 제목에 프라이버시의 종말이 들어간 최초의 책은 1969년에 출판되었다. 경제학자인 제리 로젠버그Jerry Rosenberg의 책 《프라이버시의 죽음The Death of Privacy》은 국가 컴퓨터 시스템이 개인들의 다양한 활동에 관한 정보를 부지불식간에 저장하고 서로 결합하며 버튼 하나만 누르면 찾아낼 수 있는 무한에 가까운 능력을 갖추게 될 것이라고 주장한다.

1970년 영국에서 국가시민자유협의회 후원으로 작성된 디지털 데이터뱅크에 관한 보고서는 사회가 벼랑 끝에 서 있다는 결론을 내렸다. 보고서는 즉각적이고 급진적인 조치가 취해지지 않을 경우 프라이버시의 종말이 예견된다고 밝혔다. 컴퓨터의 정보 처리 및 저장 능력이 감시 체제의 중심부가 되어 사회를 투명하게 바꿔놓을 것이고 그런 사회에서는 개인의 가정, 개인의 재무 상태, 개인의 인간관계가 수많은 임의의 관찰자에게 그대로 노출될 것이라는 얘기였다.

이 단계에서 비평가들은 컴퓨터의 잠재적인 능력에 더 민감하게 반응했다. IBM이 공공 기관과 민간 기업에 기기를 판매하기 시작한 것은 1950년대였지만 1960년대가 되어도 인구조사, 은행 업무, 세무, 신용평가, 범죄기록, 철도 및 국민보험과 같은 분야의 컴퓨터 활용은 여전히 초보적인 수준이었다. 1970년대에는 묵시록적 예언들이 첫 단계에 진입했다는 인식에 따라 법적 보호 체계가 점점 확대되었다. 스웨덴에서 인구조사를 하는 중에 개인의 사생활이 침해될 거라는 우려를 가라앉히기 위해 1973년 국가 데이터 보호법을 통과시킨 것이 그 시작이었다.

묵시록적 예언의 두 번째 단계는 1983년 인터넷 도입과 개인용 컴퓨터가 보급된 1990년대 말에 시작되었다. 평범한 시민들의 정보가 무한대로 공개되고 동시에 그들이 이용할 수 있는 정보 역시 무한대라는 인식이 퍼지면서 프라이버시의 종말론은 새로운 에너지를 얻어 성행했다.

일간지와 디지털 저널리즘 연구자들에게 프라이버시

는 반복적으로 죽임을 당하고 다시 살아났다가 파괴당하는 일종의 좀비 같은 지위를 획득했다. 출판사들은 무한해 보이는 이 수요에 맞춰 《프라이버시의 종말 The End of Privacy》이라든가 《커피머신의 스파이 The Spy in the Coffee Machine》와 같은 책들을 내놓기 바빴다. 각국의 법률과 국제법은 전반적으로 컴퓨터와 컴퓨터 응용 프로그램을 따라잡지 못했던 시절이다. 2000년 《스탠퍼드 로 리뷰》에 실린 법학자 마이클 프롬킨 Michael Froomkin의 논문은 정부와 기업이 프라이버시를 파괴하는 기술을 신속하게 확산시키고 있어서 정보 프라이버시가 무용지물이 될 위험에 처해 있다고 분석했다.

그런가 하면 암호 분석가이자 과학자 데이비드 홀츠먼 David Holtzman은 2006년에 출간한 《프라이버시의 상실 Privacy Lost》에서 우리의 프라이버시는 북극의 만년설보다 더 빠르게 줄어들고 있다면서 기술은 법이 보호할 수 있는 속도보다 더 빠르게 프라이버시를 약화시키고 있다고 경고했다. 그에 따르면 이러한 추세를 되돌릴 수 있는 명백한 방법은 없다. 오늘날 우리가 알고 있는 프라이버시라는 개념은 사라졌다.

그 이후에도 해마다 사회, 과학 등 다양한 분야의 연구자들이 프라이버시의 새로운 장례식을 열었다. 2014년 8월, 미래학자 제이콥 모건Jacob Morgan은 《포브스》에 〈프라이버시는 확실히 죽었다. 바로 우리가 프라이버시를 죽였다〉라는 제목으로 칼럼을 게재하기에 이른다.

모두가 프라이버시의 죽음을 외치다

사생활 파괴를 개탄하는 사람들 곁에는 새 시대를 환영하는 사람들도 있었다. 1975년 맬컴 브래드버리Malcolm Bradbury는 시대정신을 담은 소설《히스토리 맨The History Man》을 출간했는데, 이 책은 널리 읽히다가 나중에 텔레비전 드라마로 제작되어 성공을 거뒀다. 소설의 주인공인 하워드 커크는 신설 대학교의 급진적인 사회학 강사로, 그 시대에 사람들을 해방시키는 모든 것에 대해 논평하는 사람이다. 소설이 시작되는 시점은 여름 방학이 끝나갈 무렵인데 하워드는 여름 방학 동안 책 한 권을 완성한다. 작가는 이 책에 당시의 진보적 의제를 포함하는 제목을 붙였다. 하워드는 아내 바버라와 동료의 아내이자 전 애인인 마이라에게 그 프로젝트를 설명한다.

"제목은《프라이버시의 패배》로 했어." 하워드가 말한다. "이제는 사적인 자아란 없고, 사회에 사적으로 남아 있는 영역도 없고, 사적 재산도 없고, 사적인 행위도 없다는 사실을 다룬 책이야." 그러자 바버라가 대답한다. "이제 사적인 부분은 없지. 인류는 모든 걸 개방하고 접근 가능하게 만들고 있잖아." 마이라가 묻는다. "그럼 나도?" 하워드가 대답한다. "그럼, 우린 당신에 대해 다 알아. 알다시피 이제 사회학과 심리학 이론이 우리에게 인간에 대한 총체적 관점을 제공하고, 민주적인 사회는 우리에게 모든 것에 대한 완전한 접근을 허용하잖아. 이제 대면이 불가능한 건 아무것도 안 남았어. 더 이상 뭘 감출 수도 없고, 영혼의 어두운 구석이 수수께끼로 남아 있지도 않아. 우린 온 세상의 관객 앞에 노출된 상태로 있어. 우리 모두 알몸으로 공개되어 있다니까."

사적인 친밀감이 왜곡된 성격의 원인이 될 수 있다는 인식은 이미 널리 퍼져 있었다. 1967년에는 케임브리지 킹스 칼리지의 학장이자 저명한 인류학자 에드먼드 리치Edmumd Leach마저 오늘날 가정은 고립되어 있다고 주장했다. 그는 《고삐 풀린 세상A Runaway World?》에서 가정 안에서 남편과 아내, 부모와 자녀 사이에 정서적 스트레스가 심화되고 있다며, 이런 가족은 좋은 사회의 기초가 되는 것과 거리가 멀고 좁은 사생활과 지저분한 비밀을 가진 가족은 모든 불만의 근원이라고 지적했다. 당시에 번창하던 결혼상담 산업은 낯선 사람에게 사적인 이야기를 솔직하게 털어놓는 치료 효과에 근거를 두고 있었다. 이 시기 심리치료사라는 직업이 새로이 등장했으며 이들에 따르면 외부인과의 소통을 차단할수록 온전한 정신 건강으로 가는 길은 멀어진다.

《히스토리 맨》은 기술에 관한 소설이 아니다. 주인공 하워드 커크가 몇 차례의 불륜을 저지르는 동안 복수심에 불타는 어떤 학생이 그를 스토킹할 때 카메라를 사용할 뿐이다. 하지만 소설 속 사적 투명성에 대한 노골적인 찬양은 메타Meta의 마크 저커버그Mark Zuckerberg에게서도 발견된다. 저커버그가 세상에 대고 "당신에게는 이미 프라이버시가 없습니다. 그만 포기하세요!"라고 했다는 것이 믿기는가. 통찰과 이해관계가 불편하게 뒤섞인 이 말은 많은 것을 생각하게 한다.

풍자적 소설인《히스토리 맨》을 계승한 또 다른 작품으로는 2013년에 발표된 데이브 에거스Dave Eggers의 디스토피아 소설《더 서클The Circle》이 있다.《더 서클》에서는 세계적인 소셜네트워킹 회사가 추종자들을 설득해서 사적 프라이버시를 털끝만큼도 남기지 않게 만든다. 회사의 공동

대표가 보내는 메시지는 오웰풍의 3가지 구호로 압축된다. "비밀은 거짓이다. 공유는 관심이다. 프라이버시는 도둑질이다." 이런 주장에 대해 어떤 입장을 취하든 간에, 평론가들은 정보란 개인의 소유물이며 정보를 가진 사람은 일종의 저작권을 보유하고 있으므로 그 정보를 스스로 공개할 수도 있지만 강요에 의해 억지로 공개할 수도 있다는 견해로 점점 기울어졌다.

프라이버시라는 개념에 잠재되어 있었던 갈등이 터져 나온 것은 1970년대 초반 즈음이었다. 역사학자 데버라 코언은 1970년대에 프라이버시는 가족의 신성한 영역이라는 부담스러운 개념이 아니라 개인의 자율성을 강조하는 개념으로 재정의되고 있었다고 정리한다. 그 차이는 1972년 영국에서 프라이버시라는 단어의 동시대적 의미를 탐색했던 '프라이버시 위원회 보고서'의 앞부분에 담겨 있다. 보고서는 프라이버시의 의미에 대해 대중의 견해가 둘로 갈라지고 있는 지점을 요약해서 보여주었다.

> 우리는 프라이버시에 대한 권리가 크게 두 가지로 나뉜다고 판단했다. 첫 번째는 자기 자신과 가정, 가족과 연애에 대한 침해로부터의 자유다. 두 번째는 정보의 프라이버시, 즉 자기 자신에 관한 정보가 다

른 사람에게 어떻게, 얼마나 전달되는가를 스스로 결정할 권리다.

1970년에 만들어진 프라이버시 위원회는 주로 두 번째 범주에 주목했는데, 이 두 번째 범주는 이후 수십 년 동안 '정보 프라이버시'라고 불렸다. 동네 안에서 가족을 분리하는 범주의 문제는 교육, 문화, 사회 등의 다양한 압력을 통해 해결할 수 있다고 보고서는 판단했다. 민주적인 사회에서는 그런 압력을 이용해서 공동체가 적절한 행동을 하도록 설득할 수 있다는 것이다. 대신 보고서는 새로운 기술에 의해 위협당하는 개인정보의 영역에 대해서는 신중하게 서술했다. 신용평가기관이 보유한 정보, 사립 탐정에 대한 허가, 전자 감시 장비의 사용과 같은 문제들에 관해서는 법률 제정을 제안했다.

개탄하든 환영하든 간에 프라이버시의 종말을 선언한 것은 역사적 판단이었다. 프라이버시의 종말 선언은 과거와 급격한 단절을 암시했다. 과거에는 자신의 사생활 정보에 대한 통제가 절대적 특권으로 여겨지지 않았다. 14세기의 방해죄 재판소의 소송으로 시작된 프라이버시의 역사는 일시적인 승리와 일상적인 패배의 연속이었다. 모든 시대의 모든 사회에서 욕구는 다른 욕구와 교환되어야 했고 수

많은 물질적이고 규범적인 압력을 이겨내며 행사해야 하는 것이었다. 프라이버시를 지킬 수 있었는지 아닌지의 결과는 물리적 환경, 통신 시스템, 법적 구조, 친밀한 관계에 의해 영향을 받았고 그 공통분모는 프라이버시에 수반된 엄청난 노동이었다.

사생활에 대한 인식의 변화를 오해했던 것은 이렇듯 과거의 지식에 지배당했기 때문이다. 영국의 프라이버시 위원회 보고서는 '우리가 발견할 수 있는 범위 내에서는 지금까지 프라이버시의 역사를 연구한 사람이 아무도 없다'고 서술했다. 공교롭게도 보고서가 발표된 1972년 대서양 건너편에서는 프라이버시에 관한 최초의 상세한 책인 데이비드 플래허티David Flaherty의 《식민지 뉴잉글랜드의 프라이버시Privacy in Colonial New England》가 출간되었다. 이때부터 프라이버시의 역사는 그동안 절실히 필요했던 시간적, 개념적 명확성을 획득하기 시작했다.

그럼에도 프라이버시에 대한 정의나 상황을 모호하게 만든 요인은 3가지였다. 첫 번째는 정보 프라이버시와 개인주의의 연관성이다. 19세기 신과의 대화는 자아와의 교감으로 대체되기 시작했다. 그 무렵 빠르게 확장되고 있었던 경제 발전으로 그 어느 때보다 개인의 평판이 중요해졌고 과거에 사람의 능력과 성격을 보증하던 가족관계와 같은 수단은 설 자리가 좁아졌다. 사회가 개개인의 이력을 알고 있다는 사실은 새로운 차원의 보호를 요구했다. 그런 감정이 실체화되어 '혼자 있을 권리'에 대한 제안이 나왔고 1960년에는 그 제안을 시험한 법학자 딘 프로서Dean Prosser의 유명한 논문이 공개되었다.

프로서는 워런과 브랜다이스의 〈프라이버시의 권리〉가 발표된 이후 미국 법원에 접수되었던 사건들을 검토했다. 프로서는 타인의 사생활을 침해하는 것, 창피한 사실들을 폭로하는 것, 개인을 왜곡해서 조명하는 것, 신원 도용이라는 네 가지 요소를 찾아냈다. 네 가지 요소 중 연애의 프라이버시와 조금이라도 관련 있는 것은 첫 번째 요소밖에 없었고 나머지는 개인이 자신에 관해 알려진 내용을 통제할 권리와 관련이 있었다.

1972년 프라이버시 위원회 보고서, 일명 '영거 보고서'를 발표한 노동당 정치인 케네스 영거 경Sir Kenneth Younger은 혼자 있을 권리라는 대담한 선언이 영국에서 새로운 법률 제정의 토대가 될지 회의적이었지만, 개혁을 위한 구체적인 권고 사항은 모두 감시를 피하고 사생활이 함부로 이용되는 것을 막기 위해 고군분투하는 개인을 고려한 것이었다.

프라이버시의 개념을 모호하게 만든 두 번째 요인은 광범위한 정치적, 이념적 맥락에 있었다. 프라이버시의 소멸을 막으려는 인식에는 당시의 국제 정세가 일부 반영되어 있었다. 냉전은 개인의 프라이버시를 파괴하는 전체주의 정권과 프라이버시의 생존을 위해 싸우는 서구 국가의 대결로 받아들여졌다. 아마겟돈(지구 종말을 앞두고 벌어지는 선과 악의 전쟁-옮긴이)의 언어는 폭탄과 침해당하기 쉬운 개인정보 사이를 쉽게 오갔다. 자유 진영 내에서는 개인의 자율성과 국가 또는 대규모 자본의 권력 축적에 저항할 권리를 둘러싸고 또 다른 갈등이 발생했다.

1960년대 말이 되자 지역사회에서 서로 주고받던 도움을 복지 서비스로 대체할 수 있다는 정부의 역량이 의심받기 시작했다. 켄 로치Ken Loach의 1966년 텔레비전 시리즈 〈캐시 컴 홈Cathy Come Home〉은 오래전부터 존재하던 지역 공동체의 실패와 함께 비인간적인 관료기구가 가정생활을 파괴하고 있음을 보여준다. 극중 인물들의 대면 만남은 소통이나 공감을 불러일으키지 않는다. 모든 것은 기관의 규제에 의해 결정되며 이 때문에 영화의 끝부분에서 결국 한 가족이 망가진다. 이 시리즈가 나온 지 2년 후, 영국의 대학이 학생들의 신념과 행동에 관한 파일을 보관하고 있다는 사실이 알려지자 대학생들은 일제히 불만을 토로했다.

1960년대부터 개인정보 보호를 연구해왔던 컬럼비아 대학교의 앨런 웨스틴Alan Westin이 강조했듯, 컴퓨터의 힘이 시민사회에 끼칠 영향력에 관한 두려움과 지나치게 신중한 반응도 프라이버시의 개념을 모호하게 만들었다. 모든 커뮤니케이션 혁명은 부풀려진 희망과 두려움을 불러일으키는 것이지만 컴퓨터와 인터넷의 영향력은 변화와 비용 면에서 이전과 엄청나게 차이가 났고 이러한 열광적인 분위기 속에서 미래는 오해를 받고 과거는 잊혔다.

디지털 기술의 단점으로 꼽혔던 정보 간의 빠른 연결은 사실 서류 기반 관료제에 반드시 필요한 요소였다. 19세기에 영국 인구가 두 배로 늘어나고 또다시 두 배로 늘어났을 때도 집계는 원시적인 계산 장비만으로 이뤄졌다.

수작업 기록에는 한 가지 근본적인 한계가 있었다. 가장 큰 우려를 불러일으킨 것은 기록이 없어질 가능성이었다. 기관의 규모가 커질수록 하나의 시스템을 다른 시스템에 연결하고 각기 다른 기록 보관소를 거침에 따라 특정 개인을 추적하는 비용이 많이 들었다. 이제 연결은 실행 가능해 보였고 곧 실행될 것 같았다. 1970년에 《데이터 뱅크 소사이어티 The Data Bank Society》라는 책에서 기업에 의한 사생활 침해를 피혜쳤던 맬컴 워너 Malcolm Warner 와 마이크 스톤 Mike Stone 은 다음과 같이 경고했다.

현재 영국에 있는 컴퓨터 장치를 사용해서… 국가

가 모든 남성, 여성, 아동에 관한 서류 일체를 통합한 파일을 보관하는 일이 기술적으로 가능하다는 점에는 의심의 여지가 별로 없다. (…) 이미 특수한 컴퓨터 정보센터가 여러 개 있고, 더 많은 정보센터가 설립될 계획이다. 기존의 소규모 센터들을 서로 연결만 해도 거대한 통합 '데이터 은행'이 순식간에 만들어질 수 있다.

사람들이 공포스러웠던 건 어느 한 기관이 모든 정보를 통합할 수 있다는 가능성 때문이었다. 1970년대 이후 정부의 포괄적인 감시를 가장 잘 보여준 사례는 동독 시절의 비밀경찰 슈타지다. 슈타지는 1989년에 폐지되기 전까지, 충분한 의지와 인력만 있다면 손으로 쓴 파일이나 타자로 작성된 파일을 가지고 얼마나 많은 일을 해낼 수 있는지 극적으로 보여주었다. 기술이 개인에게 미치는 영향력을 결정짓는 가장 중요한 조건이 바로 정치 시스템이다. 시민들이 새로운 메커니즘에 대한 충분한 이해와 통제력을 갖추고 그 메커니즘의 결과를 조정하고 관리할 수 있을지는 당시나 지금이나 불확실하다.

사생활 패턴의 3가지 변화

영국을 비롯한 서구 여러 나라들의 역사에서 1970년대는 두 가지 의미로 분수령이 된 시대다. 1970년대에 초창기 버전의 컴퓨터가 등장했고 보편적인 개념의 결혼이 서서히 사라지기 시작했다. 1970년에는 45~49세 영국 여성 중 평생 미혼인 비율이 8%에 불과했다. 전후 세대는 그 이전이나 그 이후의 어떤 집단보다 결혼을 많이 했고 부부관계를 오래 유지했다. 스웨덴의 사회학자 예란 테르보른Göran TherbornGöran Therborn의 표현을 빌리자면 서유럽 전역에서 1950년에서 1975년 사이는 이른바 '결혼의 시대'였다. 이후 관습이 바뀌기 시작한다. 영국에서는 남성의 천 명당 혼인율은 제2차 세계대전 이후에 78.4명까지 상승했다가 지속적으로 하락해 1980년대 초반에는 전 기간 평균보다 낮아졌고 2000년대 후반에는 22명까지 떨어졌다. 같은 기간 동안 여성의 천 명당 혼인률 역시 60.5명에서 20명으로 떨어졌다. 2009년 영국의 결혼식 건수는 사상 최저치를 기록했다.

또한 1970년대에는 사생활의 패턴에 있어 세 가지 결정적인 변화가 나타났다. 먼저 소득과 프라이버시의 관련성이 감소했다. 1975년에서 2000년에 이르는 기간에는 중산층과 노동계급 가정 사이에 눈에 보이는 구조적 격차가 더 이상 나타나지 않았다. 소득 수준에 상관없이 자녀가 두 명이 넘는 가구도 점점 줄었다. 영국에서 자녀가 3명 이상인 가정의 비율은 1971년에 9%였다가 2010년에 3%로 감소했다. 이에 따라 과밀한 주거 환경은 거의 사라진 셈이었다. 2014년에는 영국 인구의 3%만이 과밀한 환경에서 거주한 반면 그보다 12배 넘는 사람이 기준보다 넓은 면적을 점유했다.

19세기에나 겪었던 불편을 집에서 경험하는 일이 점점 사라지는 시대였다. 기술 혁신이 일어나고 지자체가 주택 계획을 세우고 공식적인 주거기준이 개선되고 가정의 살림살이가 점점 나아지면서 집들의 내부가 서로 비슷해지기 시작했다. 욕조나 샤워 시설이 없는 집도 거의 사라지고 전기는 당연한 옵션이 되었다. 대부분의 가정이 냉장고와 텔레비전을 비롯한 기본적인 가전제품을 갖추고 작은 마당 정도는 하나씩 가지게 되었다. 그러자 집안의 생활을 거리로 가지고 나올 필요는 사실상 사라졌다. 심지어 프라이버시의 가장 뚜렷한 상징인 현관문에서도 계층에 따른 구별이 희미해졌다.

1980년 영국 정부가 임대주택을 세입자에게 판매하기로 결정한 결과 사람들이 주택 외관의 색채와 디자인에 관한 지자체 규제를 벗어날 수 있게 되었다. 저널리스트 폴 바커Paul Barker는 《교외의 자유The Freedoms of Suburbia》라는 책에서 현관문은 주택을 구매할 권리에 관한 이야기라며 다음과 같이 밝혔다.

교외의 임대주택에 달려 있던 문들은 철거되고 있다. 뉴캐슬에서 플리머스, 카디프에서 입스위치에 이르는 지역에서 거주자들이 새로 설치한 문은 코스타브라바(밝은 유약을 칠한 판자로 만든 스페인 양식의 무거운 문-옮긴이)거나 바바라카트랜드(작고 반짝이는 채광창이 뚫린 신 섭정시대 양식의 문-옮긴이)거나 둘 중 하나다. 양쪽 다 원래 달려 있던 문보다 튼튼하다. 유리가 있어서 깨부수고 들어가기가 쉽다. 목공 작업은 더 튼튼하게 되어 있다. 하지만 새로운 현관문을 다는 주된 목적은 "여기는 다른 누구의 집도 아닌 우리 집이다"라고 말하려는 것이다. 이 메시지는 문 위쪽에 튀어나오게 달아놓은 등불을 통해, 새로 칠한 페인트를 통해, 그리고 심지어는(때로는) 작은 퇴창을 통해 거듭 전달된다.

　1970년대 물리적으로 고립된 상태에서 사생활을 영위하는 사람들이 증가했다는 사실도 눈여겨볼 만하다. 100년 전에는 알려지지도 않았던 이러한 생활방식은 인구통계학적, 재정적 행동 변화가 복합적으로 작용한 결과였다. 기대수명이 늘어난 결과 노년기에 혼자 사는 남성보다 혼자 사는 여성이 더 많아졌고 혼인률이 낮아진 결과 중년기에는 혼자 사는 여성보다 혼자 사는 남성이 많아졌다. 무슨 이유에서든 1인 가구가 전보다 크게 늘어난 건 분명한 사실이었다.

　연애 관계에 대한 관습도 1970년대 사생활의 패턴을 변화시킨 한 요인이다. 사생활의 역사에서 혁명이라는 개념이 가장 널리 사용된 분야가 바로 연애였다. 기혼 인구가 최고조에 달했을 시절에는 일부일처제 이성애 가정 생활에서 벗어나는 것이 불법이었거나 비난받을 일이었다. 그러나 20세기, 특히 제2차 세계대전 이후에 젊은 세대는 경직되어가는 환경 속에서 낭만과 성적 만족을 추구하기 시작했고 그 결과 가족 형태가 다양해졌다. 이러한 변화에 대한 역사학자 클레어 랭해머의 설명에 따르면 전후 체제는 스스로 파멸의 씨앗을 품고 있었다. 20세기 말 평생 결혼의 쇠퇴는 20세기 중반 남녀가 경험했던 모순과 긴장, 비논리에서 비롯되었다는 것이다.

이렇듯 사회문화 전반에 거쳐 외적 형식에서 내적 목적으로 전환이 이뤄졌다. 사생활의 성격에 대한 개인적 판단이 우선시되고 규범이나 법에 의한 외부의 제약은 뒤로 밀렸다. 종교 기관 또는 정부 기관을 통해 부과되거나 공동체 또는 가족의 기준에 순응하는 도덕이 개인의 선택으로 대체되었다. 연인들은 함께 사는 방법을 결정할 때 자신들에게서 답을 찾았으며 남들의 결정에 대해 함부로 판단하지 않았다. 성관계에 관한 다양한 각본이 허용되었고 누구도 다른 사람에 대한 지배권을 주장하지 않았다. 1990년대에는 유럽인과 미국인이 바람직한 가족으로 간주하는 유형이 200가지에 이르게 된다.

연애에 대한 새로운 교리가 만들어진 셈이었다. 개인의 결정이야말로 강요된 규율의 압력, 그로 인해 불가피했던 비밀과 도피의 문화에 대항하는 힘이었다. 그런 의미에서 연인들 사이의 안전하고 질 높은 소통이 더 큰 의미를 가졌다.

프라이버시의 근본이 되는 물리적 경계는 여전히 존재했다. 혼자 살든 소규모 가족 단위로 살든 대다수 사람은 소리가 차단되는 벽 안에서 문을 닫고 생활했다. 마당이 딸린 집은 여전히 가장 인기 있는 선택이었지만 앞마당은 앉아서 쉬는 공간으로는 사용하지 않았고 뒷마당에는 항상 울타리를 쳐놓았다. 400년 전처럼 창문으로 들여다보거나 처마 밑에서 엿듣는 일은 용납되지 않았다. 남의 집을 방문할 때는 존중하는 마음으로 조심스럽게 접근해야 했다. 집주인은 외부인에게 문을 열어줄지, 문을 열어준다면 집의 어느 부분까지 손님을 들일지 결정했다.

재택 근무나 원격 근무가 용이해지기 전까지는 공적 영역과 사적 영역 사이의 물리적 거리가 그 어느 때보다 멀었다. 출산, 질병, 죽음이 집이 아닌 병원에서 다루어지고 1970년대 이후 해외여행이 빠르게 늘어나면서 집단적 의식과 통과의례는 줄어들었다. 인구가 지나치게 많아진 영국에서는 19세기에 그랬던 것처럼 조용한 단독주택으로 이사하는 일은 줄었다. 2000년대 영국 주택의 4분의 3 가까이가 연립주택, 반단독주택, 아파트의 형태로, 이에 따라 같은 거리 또는 이웃에 사는 사람들에게 점점 무관심해졌다. 최근에 진행된 한 조사에 따르면 전체 응답자의 불과 5분의 1이 이웃이 자주 놀러온다고 대답했고 3분의 1 이상은 우연히 마주칠 때만 이웃의 얼굴을 본다고 털어놓았다. 공동체에 대한 의식이 줄어들면서 이제 자신의 사생활은 직접 경로를 정한다는 인식이 퍼졌다.

반면 프라이버시에 뒤따르는 위험은 여러모로 복잡한 성격을 띠었다. 폐쇄적인 관계에 더 많은 재량을 허용하면서 그에 따라오는 위험 요소를 예방하지 못한 까닭이다. 예컨대 여성의 고용이 늘어나면서 전후 지배적인 결혼 모델이 해체되긴 했지만, 여전히 여성의 소득은 남성 배우자의 소득보다 낮고 비정기적이었다. 논쟁과 결정의 중요한 순간에 여성에게는 여전히 선택지가 더 적었다. 특히 결혼 전에 생긴 자녀에 대한 책임은 대부분 여성의 몫이었다. 점차 이웃을 향했던 시선이 내부를 향했고 배우자에게 폭행당하기 쉬운 여성들을 위한 법적 지원이 강화되었다. 중세 시대 이래로 모든 여성들은 부부관계 내 강간에 대해서는 법률의 도움을 받을 수가 없었는데 마침내 1991년, 잉글랜드와 웨일즈는 다른 선진국들의 뒤를 따라 강간 범죄에 대해서는 혼인 면책 조항을 없애기로 했다.

사회운동가 캐서린 매키넌Catharine MacKinnon은 프라이버시가 하부집단의 권한을 체계적으로 박탈한다고 주장했다. 여성은 공적 담론에서는 설 자리를 얻지 못했고 외부의 접근이 점점 더 어려워지는 가정 안에서는 폭력과 갖가지 차별이 아무런 제지 없이 온존했기 때문이다.

프라이버시에 대한 이런 양면적인 반응에 대해 사회평론가들은 사적 영역과 공적 영역이 본질적으로 대립하는 성격이 아니라고 보았다. 그들은 두 영역의 경계가 성벽이 아니라 반투과성 막의 형태를 취해야 하며, 지식과 행동이 적절한 수준에서 그 막을 통과하면서 조건과 기대치의 완전한 평등을 추구할 수 있다고 주장했다. 그것은 변화가 계속되리라는 낙관이기도 했다.

국가는 개인의 감시자인가, 보호자인가

20세기 막바지에 이르자 사적 행동의 자유화에 대한 반발이 일어났다. 에이즈가 유행하고 전후의 경제 호황이 끝나자 낙관적인 개혁론은 힘을 잃고 그에 대항하는 기독교 보수주의의 움직임이 생겨났다. 그러나 낙태와 동성애자 권리 등의 문제에 점점 예민해져도 정부는 개개인의 침실 문제에 다시 개입하기를 꺼려했다. 대신 디지털 혁명의 속도가 빨라져서 사적 소통에 대한 새로운 국가 개입이 시작되었다. 경제협력개발기구OECD의 중요 문서는 1970년대는 개인 데이터의 수집 및 사용과 관련해 프라이버시 보호에 관한 조사 및 입법 활동이 강화된 시기라고 설명한다. 그 과정에서 개인정보에 대한 방어는 국제적인 사안으로 떠올랐다. 현대 사회에서 프라이버시와 국가의 관계는 주로 대립각이었다. 19세기에 세계 각국은 자유민주주의로 나아가는 길을 명확히 정의하기 위해, 러시아나 오스트리아 같은 구체제 왕정들의 시민들에 대한 프라이버시 침해와 자기 나라의 사적 영역에 대한 존중을 비교하곤 했다. 정보의 자유로운 유통을 허용하고 국민을 감시하지 않으며 가정의 신성함을 존중하는 것이 근대성의 뚜렷한 특징이라고 여겼다. 사적 영역을 존중하는 전통은 전체주의와 민주주의의 투쟁 과정에서 더 큰 동력을 얻었다. 이제 국경이나 정권과 무관하게 일관성이 하나의 미덕이 되었다. 다양한 국제기구의 권고로 서구 세계 대부분의 나라에서 동일한 법률이 제정되었다.

사생활의 보호가 전 세계적으로 인식이 퍼진 동인은 두 가지였다. 첫 번째는 프라이버시가 일종의 인권으로 떠올랐다는 사실이다. 프라이버시가 언론의 자유와 같은 다른 소중한 가치와 충돌할 때 프라이버시의 힘은 공식적으로 인정받았다. 두 번째 동인은 디지털 혁명이었다. 디지털 혁명의 영향은 처음부터 막연하면서도 광범위하게 인식되었다. 이전의 기술 혁명에서도 각자의 방식으로 개인정보 관리를 국제화했다는 점에서는 유사성이 있었지만 그런 발전만으로는 단일하고 포괄적인 결과를 만들어내기에 충분하지 않았다.

반면 데이터 보호라는 개념과 관련해서는 일괄적 조치를 취하기가 비교적 용이했다. 1974년에 제정된 미국 사생활법은 비록 명칭은 두루뭉술했지만 시민의 데이터는 민간부문이 아닌 국가에 의해서만 조작 가능하다고 제한했다. 이른바 정보 자기결정권은 여러 선진국에서 새로운 법률 제정의 토대가 되었다. OECD 보고서가 나온 지 1년 후, 유럽의회는 '개인정보의 자동화 처리와 관련한 개인보호협약'을 발표했는데, 이 협약은 이후에 구속력 있는 유럽연합 행정명령으로 발전했다. 특정 사유가 있을 때를 제외하고 기관은 개인의 정보를 수집해서는 안 되고, 개인에 관한 정보를 수집할 때는 정확하게 기록해야 하며, 해당 개인의 동의 없이 제3자에게 그 정보를 전달해서는 안 된다는 것을 보장했다.

이러한 원칙은 국경 안에서 또는 국경을 넘어 서로 연결되기를 원하는 자율적인 주체들로 구성된 세계를 상정하고 있었다. 가정 또는 사회적 단위 내부의 소통이나 친밀한 관계 속에서 공유되는 지식에 대해서는 언급하지 않았다. 네트워크가 명시된 경우는 경제적 거래와 관련이 있었다. OECD와 유럽 기구들의 개입은 개혁을 시작하기 위해서가 아니라 개혁 과정을 통제하려는 의도에서 이뤄졌다.

1980년이 되자 OECD 회원국의 절반이 이미 데이터 보호법을 통과시키거나 제정했다. 프라이버시에 관한 이슈는 규제 완화 및 시장 개방이라는 문제와 충돌할 위험이 있었다. OECD는 국가별 법규의 불균형 때문에 개인 데이터가 국경을 넘어 자유롭게 이동하지 못할 수도 있다면서 최근 개인 데이터의 이동이 크게 증가하고 있으며 앞으로 새로운 컴퓨터 및 통신 기술이 도입되면 개인 데이터 이동은 더 활발해질 것이라고 경고했다.

비록 한계는 있었지만 데이터 보호의 움직임은 정보 관리에 대한 초국가적 개입을 의미했다. 점점 강력해지는 정보 기술로 무장한 정부와 민간 기업의 감시로부터 사적 소통을 보호하기 위한 법률은 일관성과 실효성이 부족했다. 서신의 비밀을 지키고 나중에는 전신과 전화의 보안을 유지하기 위해 17세기부터 발전해온 규제는 디지털 혁명의 시대에 대대적으로 조정할 필요가 있었다.

처음에는 자국민을 보호하는 정부의 역할에 문제가 드러났다. 미국의 전화 시스템을 제외하면 통신 네트워크는 일반적으로 공공이 독점하는 사업이었다. 국가는 비대면 소통의 인프라를 제공하지만 그 인프라를 이용해서 시민의 내밀한 생활을 감시하는 일은 자제해야 한다는 원칙이 자유민주주의의 일부가 되었다. 경찰이 누군가의 집에 들어가려면 수색 영장이 필요했던 것처럼 국가 보안기구도 우편 또는 전자 대화를 사찰하기 위해서는 어떤 사건에 대한 사법적 권한을 필요로 했다. 인터넷 세상의 규모와 복잡성이 확인되자 각국 정부는 통제라는 과업에서 손을 뗐다. 가상 프라이버시의 네트워크는 도처에서 사유화되었다.

냉전 시대가 끝나고 국제 테러의 시대가 이어지자 안보를 위한 감시의 필요성이 다시 대두되었고 데이터 보호의 연장선상에서 프라이버시 보호의 틀을 만들려는 움직임이 시작되었다. 1999년 유럽 의회는 '신기술에 대한 합법적 통신 감청 결의안'을 통과시켰는데, 이는 정부가 글로벌 인터넷 서비스 기업으로부터 데이터를 얻는 과정을 투명하고 일관성 있게 만들기 위한 것이었다. 하지만 현실에서 각국 정부는 투명성도 일관성도 보여주지 못했다. 테러 위험이 확대되자 국가별 규제는 더욱 혼란스러워졌다. 예컨대 영국과 미국이 각각 2000년과 2001년에 통과시킨 안보 관련 법안은 시대에 뒤떨어진 동시에 책임을 회피하고 있었다. 소셜네트워크가 성장하면서 이런 법들은 곧 무력해지고 말았다.

1967년에 언론인 채프먼 핀처Chapman Pincher는 미국의 국가안보국NSA이 영국의 정보통신본부GCHQ와 협력해서 감청 자료를 확보했다고 폭로했으며, 2013년에는 CIA와 NSA 요원이었던 '내부 고발자' 에드워드 스노든Edward Snowden이 개인 감찰에 대한 NSA의 기밀 자료를 폭로한다. 1844년 최초의 프라이버시 스캔들이 발생했을 때도 그랬지만 지금도 정치인들, 특히 영국의 정치인들은 '긍정도 부정도 하지 않는다'는 방화벽 뒤에 숨어서 음모론을 무한대로 확산시키며 문제를 악화시키고 있다. 에드워드 스노든이 NSA를 '파놉티콘'이라고 표현했던 것은 놀라운 일이 아니다. 2000년대가 되어도 통신 혁명으로 만들어진 과도한 희망과 공포의 분위기가 조성되고 있다는 점에서 19세기와 그리 다를 것이 없다.

국가 권력에 대한 대부분의 논쟁은 신성하지만 취약한 프라이버시의 문제를 화두로 삼는다. 스노든은 "내가 말하는 모든 것, 내가 하는 모든 행동, 내가 대화하는 모든 사람, 내가 표현하는 모든 사랑이나 우정이 기록으로 남는 세상에 살고 싶지 않다"고 말했다. 스노든을 다룬 영화 《시티즌포Citizenfour》에서 디지털 활동가인 제이콥 애플바움Jacob Appelbaum은 용어의 잘못된 사용법을 지적한다.

> 과거에 사람들이 자유와 자유권이라고 부르던 것을 이제는 프라이버시라고 부릅니다. 그리고 곧이어 프라이버시는 죽었다고 말하죠. 프라이버시를 잃어버릴 때 우리는 더 이상 생각하는 바를 마음대로 표현하지 못하기 때문에 주체성을 잃고 자유 그 자체를 잃게 됩니다.

스노든 사건 이후에 나온 영국 의회의 정보·보안위원

회 보고서도 '수많은 사람이 인터넷의 자유롭고 개방적인 특성을 자유와 민주주의의 상징으로 여기고 있으며, 소수를 적발하기 위해 그 가치가 훼손되어서는 안 된다고 생각한다'고 인정했다. 2015년 6월 초에는 비록 미국 내에만 해당하긴 하지만 정부 기관이 통화기록을 대량으로 수집하지 못하도록 하는 '미국자유법'이 미국 의회를 통과했다.

19세기에 형성된 합의에 따르면 각국 정부는 명백한 법률 위반이 의심되는 경우에만 시민의 말, 생각, 행동을 알아보려는 행동을 취할 수 있었다. 법률 위반이 명백하게 확인되지 않을 경우 국가는 가정의 내부와 시민들의 마음속을 들여다보지 말아야 했다. 20세기에 복지제도가 등장하면서 중앙 관료조직이 개인에 관한 정보와 심한 경우 사적인 인간관계에 관한 정보까지 수집, 저장, 조작하기 시작하면서 19세기의 합의는 흔들렸다. 그러나 감시는 승인된 목적으로 이뤄졌고, 전시를 제외하면 감시 대상자에 관한 모든 정보를 통합하는 일은 없었다.

반면 웹 기반 소통은 사용자 수와 전송되는 정보가 엄청난 규모이기 때문에 정부와 시민의 관계에 결정적인 불균형이 생긴다. 만약 어떤 범죄가 계획되거나 실행될 것 같다는 이유로 모든 정보를 수집한다면 정부가 개인의 삶에 간섭하지 않는다는 전제는 바로 전복된다. 의혹이 제기될 때만 감시가 행해지는 것이 아니라 모든 사람이 국가 안보를 위협하는 생각이나 행동을 할 수 있다는 이유로 정보가 수집되기 때문이다. 사적 영역과 정부 영역의 구분은 유권자에 대한 정보가 없어도 국가의 통치가 가능하다는 판단에서 비롯되는 것이다. 21세기 초 디지털 통신의 무한한 가능성 속에서 테러리즘의 무한한 위협에 불안해하는 각국 정부는 자신들이 무엇을 알 필요가 없는지 더 이상 알지 못한다.

1970년대 이후 신기술의 감시 능력을 과대평가하는 경향이 지속적으로 존재했다. 프라이버시에 대한 물리적 침해라는 의미에서 감시는 다섯 가지 순차적인 사건으로 구성된다. 관찰 능력, 관찰 행위, 관찰 대상에 대한 이해, 그렇게 얻은 지식에 근거한 개입 그리고 그에 따른 대상자의 행동 변화. 지금까지는 첫 번째 사건의 가능성만 가지고 뒤의 네 가지를 가정하는 일이 너무 많았다.

예를 들어 공공장소와 실내에 CCTV 카메라가 설치되면서 큰 불안이 조성되었는데 유럽에서는 영국이 선두에 서서 400만 대 이상의 CCTV를 설치했다. 20세기 말에는 전체주의 정권을 포함한 그 어떤 나라보다 영국에 인구 1인당 카메라 수가 많았다. 제러미 벤담이 살아 있었다면 24시간 떠 있는 카메라의 눈에 매료되었을 것이다. 파노틉

콘과 달리 CCTV는 1990년대 후반까지 약 5억 파운드(약 9245억)에 달하는 막대한 공공자금이 설치 비용으로 할당되었다. 대개의 경우 CCTV 화면을 지켜본 사람은 정보 보안에 있어서 비전문가였다. 카메라는 종종 엉뚱한 위치에 설치되었고 영상의 품질은 범죄 예방이나 사건 해결에 결정적인 역할을 하기에는 충분하지 않았다.

이런 감시 기술에 대한 거부감이 오래전부터 이어졌던 것은 아니다. 20세기 후반에 자동차 소유가 보편화하기 전까지는 개인이 집을 나서면 개방된 장소에서 당연히 대중의 시선에 노출된다고 여겨졌다. 최근의 어느 시점까지만 해도 개인들이 업무상의 이유로 또는 즐기기 위해 이동할 때 자신의 사적인 이미지를 모두 통제해야 한다는 개념은 상상할 수도 없었다.

이메일, 핸드폰 그리고 최근에는 소셜미디어에 접속하는 것은 사적인 대화에 관한 풍부한 정보를 제공하는 것처럼 보여서 사용자에게 막연한 불안감을 안겨준다. 통신 기술을 이용해 자신의 생각과 감정을 남에게 전달하는 사람들은 그 메시지가 다른 사람의 손에 들어갈 위험이 있다는 사실에 불안함을 느끼기 마련이다. 서신에 대한 불안은 15세기에 한 가족이 주고받은 편지에서도 발견된다. 이러한 불안은 나중에는 전신과 전화 사용에 대한 두려움으로 이어졌다. 19세기의 기술 혁신은 눈에 보이지 않는 감청의 위협을 유발했고 그런 위협과 함께 암호화된 문자에 대한 의존도가 높아졌다. 메시지를 보호하기 위해 일종의 암호를 활용하는 사람들과 그 암호를 해독하기 위해 국가에 의해 고용된 사람들 사이의 갈등은 적어도 17세기 중반의 존 월리스까지 거슬러 올라간다. 디지털 시대가 되어 생긴 차이점이라고 한다면 그 규모일 것이다. 보안 기구의 입장에서는 프라이버시를 강화하는 기술이 감시 능력을 위협한다고 보지만 사용자 입장에서는 불확실한 법적 보호의 대안으로 인식한다.

재산권으로서의 프라이버시

2000년대 초반 소셜미디어 사용이 매우 빠르게 증가하는 가운데 과시적인 프라이버시가 기업에게 개인정보 활용의 통제권을 넘겨줄 것이라는 우려가 제기되었다. 이러한 현상은 개인정보 관리의 오랜 특징 몇 가지가 강화된 결과였다. 우선 정보 교류에 대한 욕구와 역량은 항상 생애주기에 따라 달라졌다. 자라나는 어린이는 점차 자신의 정보에 대해 더 많은 권리를 주장하고 성인이 되어서는 자신이 이룬 가족의 구성원 및 친구 집단과 함께 내밀한 지식의 새로운 네트워크를 형성했다. 노년기에는 개인의 기록에 대한 위협은 줄어들었지만 친밀감의 영역이 축소되었다.

어느 시대의 어느 사회 계층에서도 개인 커뮤니케이션에서 완벽한 프라이버시를 유지하는 것은 불가능했다. 벽은 너무 얇았고, 방은 너무 붐볐고, 봉투는 너무 약했고, 소셜미디어는 지나치게 개방되어 있다. 무엇보다 누군가 전송을 가로챌 수도 있고 어떤 경우에는 그 메시지의 내용까지 알 수 있다는 우려가 있었다. 그런 이유로 여러 연구에 따르면

10대 소셜미디어 사용자들이 느끼는 불안에 순위를 매길 때 부모가 맨 위에 놓인다. 따라서 빠르게 진화하는 다양한 플랫폼의 투명하지 않은 개인정보 보호 설정을 조정하고 관리하는 것이 시대의 과제가 되었다. 그 과제를 수행하기 위해 사용자들은 자신을 누구에게 어떻게 표현할지, 무엇을 공개할지, 메시지를 어떻게 부호화할지에 신중하게 접근했다. 핵심 변수는 메시지의 내용이 아니라 그 맥락이었다.

미국의 싱크탱크인 퓨리서치센터 Pew Research Center의 연구진은 10대 소셜미디어 사용자의 대다수가 특정 친구들만 이해할 수 있는 농담과 암호화된 메시지를 공유해서 업데이트와 게시물의 일부를 모호하게 만든다는 사실을 발견했다. 미묘한 어휘, 공통의 문화적 이해, 어떤 인물과 사건과 경험에 관한 사전 지식을 알아야만 소통할 수 있었다. 어느 소셜미디어 사용자는 "내가 페이스북에 올리는 모든 내용은 나를 아는 사람들에게 전달되기 때문에 그들은 내가 무슨 말을 하는지 이해한다"고 설명했다.

소셜미디어에는 개인정보와 감정이 놀라울 만큼 많이 노출되지만 아이러니하게도 소셜미디어 소비자들 사이에는 표현을 절제하고 메시지를 집중시키려는 의식적인 감각이 강했다. 10대 청소년들이 소셜미디어를 사용할 때는 각기 다른 대상에 맞춘 다양한 텍스트가 형성되었다. 어떤 하나의 통로에도, 어떤 메시지의 집합에도 사용자가 생각하는 내용이 모두 담겨 있지는 않았다. 디지털 대화에 내재된 기호를 읽어내려면 전문성이 필요했는데 그런 능력은 전통적인 감시 시스템이 따라잡기 힘든 것이었다. 수십억 개의 이메일을 감청해서 그 속에서 키워드를 뽑아내는 과정을 자동화할 수는 있었지만 지루함을 느끼는 10대들 사이의 일상적인 대화에 포함된 의미의 범위를 재구성하는 것은 완전히 다른 문제였다.

정보를 개인 재산으로 보는 시각은 프라이버시의 가치를 과장하기도 하고 과소평가하기도 한다. 과거와 현재의 모든 생각, 사실, 감정의 소유자인 인간은 현대 산업사회와 커뮤니케이션 시스템의 압력 속에서 더욱 눈에 띄는 존재가 되었다. 디지털 혁명에 대응하여 탄생한 데이터 보호법은 각자의 개인정보를 관리하는 개별 주체들의 네트워크를 전면에 내세웠고 온라인상의 폐쇄적인 친밀감이 강조되면서 직접 사람과 마주하는 스트레스가 커졌다.

이러한 형태의 고독한 자급자족은 그 뿌리가 깊지 않다. 앞에서 살펴본 대로 고독은 적어도 중세 말기의 비밀 기도까지 거슬러 올라가는 고유의 역사를 가지고 있다. 그러나 영적인 형식을 놓고 본다면 비밀 기도는 고립된 자아에 집착하는 것과 오히려 정반대의 개념으로, 실천이라는 면에서 본다면 집단적 신앙생활과 통합되는 의미를 가진다. 나중에 보다 세속적인 형태로 행해진 비밀 기도는 사회적 관계에서 완전히 벗어나기보다는 사회적 관계를 보충하는 수단이었다.

개인정보 보호는 코넬대학교에서 정보학을 가르치는 헬렌 니센바움Helen Nissenbaum이 말했듯 맥락의 일체성에 내재되어야 한다. 맥락의 일체성이란 다른 개인에게, 또는 은행, 병원, 상업적 기업과 같은 서비스 제공자에게 개인정보를 전송할 때의 규칙과 기대를 의미한다. 이때 어떤 개인적 사실을 혼자만 간직해야 하느냐 전송해야 하느냐는 해당 거래에서 발생하는 이익의 균형에 달려 있다. 관계에 심각한 비대칭이 있거나 그 관계를 규율하는 규칙들이 본질적으로 모호한 경우에는 개입이 필요하겠지만 개입은 무조건적이 아니라 구체적인 맥락에서 이뤄져야 한다.

개인적 만족과 공익은 양극에 위치하기 때문에 정부 기관과의 토론은 언제나 원활하지 못했다. 미국 조지워싱턴대학교에서 기술법을 가르치는 대니얼 솔로브Daniel Solove에 따르면 개인의 프라이버시를 보호한다는 이유로 반드시 사회를 희생시킬 필요는 없다. 오히려 사람들의 프라이버시를 보호하는 일의 가치는 사회적 이익에 근거해서 정당성을 인정받아야 한다.

어쨌거나 개인정보 보호를 지나치게 강조한 탓에 프라이버시에 대한 합리적 기대를 정의하기는 더욱 어려워졌다. 감시는 프라이버시를 파괴하기보다 교환되는 정보의 의미를 잘못 해석하고 왜곡하는 쪽에 더 가까웠다.

프란시스 포드 코폴라Francis Ford Coppola는 도청에 대한 우려가 높아지는 상황에 대응하기 위한 목적으로 영화《컨버세이션The Conversation》을 만들기도 했다. 그는《뉴욕타임스》와의 인터뷰에서 이 영화가 우리 사회에서 발생한 악몽 같은 상황에 대해 중요한 이야기를 들려줄 것이라며 시스템은 사생활을 침해할 수 있는 온갖 정교한 전자적 도구를 사용한다고 말했다. 그러나《컨버세이션》은 단순히 그 시대의 편집증을 증언하는 영화가 아니었다. 그 영화에 표현된 다른 선입견들은 프라이버시 침해라는 주제에 관해 훨씬 섬세한 이야기를 만들어냈다. 영화의 중심 주제는 가장 심오한 형태의 친밀감인 긍정적 프라이버시와 황량한 고립인 부정적 프라이버시를 구분하는 것이었다.

전설적인 감청 전문가인 주인공은 자신의 일에 사로잡혀 있다. 감청에 완전히 몰입하기 위해 그는 자신이 녹음하는 타인의 삶에 대해 의도적으로 호기심을 가지지 않아야 했다. 또 그는 자신의 프라이버시를 철저히 보호한 나머지 다른 사람과 의미 있는 접촉을 일체 하지 못했다. 심지어 그가 고용한 직원들과도 관계를 맺지 못했다. 그가 정말로 소중하게 여기는 유일한 소유물은 그의 집 열쇠뿐이었다. 코폴라는 그에게 '해리 콜'이라는 이름을 붙이고 영화가 시작될 때부터 끝날 때까지 그에게 불투명 비닐 비옷을 입혀놓았다. 해리 콜의 이미지는 막으로 덮인 얼굴이었는데, 그 얼굴은 주인공이 다른 사람들과 접촉할 때 보지도 못하고 보이지도 않는 것이 분명했다.

해리 콜은 결정적인 판단 착오로 망가져간다. 그가 자신의 장비로 녹음한 두 연인의 대화를 이해하려고 애쓰는 과정에서 극적 긴장이 고조된다. 마침내 그게 무슨 말인지 알아냈지만 그의 해석은 근본적으로 틀린 것이었다. 그는 여전히 연인들 간의 대화를 이해하지 못한다. 마지막 장면에서는 해리 콜이 자신을 감시한다고 생각하는 도청 장치를 찾기 위해 아파트를 샅샅이 헤집어놓는 장면과 연인의 정겨운 순간에 번갈아 교차된다. 해리 콜은 그들이 서로에게 어떤 존재였는지 아무리 많은 감시 장비로도 알아낼 수 없었다.

사생활의 역사

초판 발행 · 2025년 2월 5일

지은이 · 데이비드 빈센트
옮긴이 · 안진이
발행인 · 이종원
발행처 · (주)도서출판 길벗
브랜드 · 더퀘스트
출판사 등록일 · 1990년 12월 24일
주소 · 서울시 마포구 월드컵로 10길 56(서교동)
대표전화 · 02)332-0931 | 팩스 · 02)323-0586
홈페이지 · www.gilbut.co.kr | 이메일 · gilbut@gilbut.co.kr
대량구매 및 납품 문의 · 02)330-9708

기획 및 편집· 허윤정(rosebud@gilbut.co.kr) | **제작**·이준호, 손일순, 이진혁 | **마케팅**·정경원, 김선영, 정지연, 이지원, 이지현 | **유통혁신**·한준희 | **영업관리**·김명자, 심선숙 | **독자지원**·윤정아

디자인 및 전산편집 · 이정현 | 교정교열 · 허유진
CTP 출력 및 인쇄 · 정민 | 제본 · 정민

· 더퀘스트는 (주)도서출판 길벗의 인문교양, 비즈니스 단행본 브랜드입니다.
· 이 책은 저작권법의 보호를 받는 저작물로 이 책에 실린 모든 내용, 디자인, 이미지, 편집 구성은 허락 없이 복제하거나 다른 매체에 옮겨 실을 수 없습니다.
· 인공지능(AI) 기술 또는 시스템을 훈련하기 위해 이 책의 전체 내용은 물론 일부 문장도 사용하는 것을 금지합니다.
· 잘못 만든 책은 구입한 서점에서 바꿔 드립니다.

ISBN 979-11-407-1218-2 03900
(길벗 도서번호 040269)
정가 17,500원

독자의 1초를 아껴주는 정성 길벗출판사

(주)도서출판 길벗 www.gilbut.co.kr
IT단행본&교재, 성인어학, 교과서, 수험서, 경제경영, 교양, 자녀교육, 취미실용

길벗스쿨 www.gilbutschool.co.kr
국어학습, 수학학습, 주니어어학, 어린이단행본, 학습단행본